CREADA POR

HARVEST HOUSE BIBLIA INFOGRÁFICA EQUIPO

Ilustraciones: **BRIAN HURST**

HEATHER GREEN

AARON DILLON

KYLE HATFIELD

NICOLE DOUGHERTY

KYLER DOUGHERTY

AGRADECIMIENTOS ESPECIALES → AMBER HOLCOMB   KEN CARSON   GENE SKINNER

ARF ARF ARF

¡APROBADA!

DIVERSIÓN GARANTIZADA

Toda la familia de productos de la Biblia Infográfica para Niños, incluida la *Biblia Infográfica para Niños - Guía Épica a Jesús* han recibido el prestigioso y mundialmente reconocido **SELLO DE APROBACIÓN**, así como el muy respetable y selectivamente otorgado **CERTIFICADO DE GENIALIDAD.**

El equipo de desarrollo de la Biblia Infográfica otorga sellos de aprobación y certificado de genialidad al material y contenido de esta, que es el trabajo más espectacular y de mejor calidad producido por el equipo. *Esto es muy serio, y no solo un ardid publicitario.* 😊

Aclaración: ESTOS PREMIOS NO PROPORCIONAN MÉRITO REAL EN NINGUNA CAPACIDAD
Los premios y certificados enumerados anteriormente, que incluyen, entre otros, gráficos, textos y otros materiales escritos, son solo para fines de diversión. Ningún premio en esta página está destinado a ser un sustituto de premios o certificados profesionales o reconocimientos basados en méritos reales. Se debe buscar siempre el consejo de profesionales legítimos, que otorguen premios o de oficiales de certificación calificados sobre la obtención de certificados de genialidad o de sellos de aprobación. Nunca se encargue del manejo de sellos reales, se autodesigne sellos de aprobación ni otorgue certificados de genialidad sin consultar a profesionales competentes.

La misión de Editorial Portavoz consiste en proporcionar productos de calidad —con integridad y excelencia—, desde una perspectiva bíblica y confiable, que animen a las personas a conocer y servir a Jesucristo.

Publicado originalmente en inglés por Harvest House Publishers con el título *Bible Infographics for Kids, Epic Guide to Jesus* © 2022 Harvest House Publishers. Traducido con permiso. Edición en castellano:

Biblia Infográfica para Niños, Guía Épica a Jesús
Copyright © 2022 por Editorial Portavoz, filial de Kregel Inc., Grand Rapids, Michigan 49505. Todos los derechos reservados.

Traducción: Rosa Pugliese

EDITORIAL PORTAVOZ
2450 Oak Industrial Drive NE
Grand Rapids, Michigan 49505 USA
Visítanos en www.portavoz.com

ISBN 978-0-8254-5004-4 (Tapa dura)

1 2 3 4 5 / RDS / 31 30 29 28 27 26 25 24 23 22
Impreso en China
Printed in China

Biblia Infográfica para Niños: Guía Épica a Jesús

es una extraordinaria invitación infográfica que te sumerge en **la vida**, **época** y **ministerio** de Jesús.

... y el examen es el lunes. ¿Alguna pregunta?

ESPERA, ¿QUÉ ES UNA INFOGRAFÍA?

Pues bien, si compraste y leíste los otros libros de la *Biblia Infográfica para Niños* deberías saberlo; pero ya que preguntaste, las infografías te ayudan a entender la información mediante una combinación de datos divertidos e ilustraciones espectaculares.

INFOGRAFÍAS - Nivel básico
Introducción

¡Y te advierto! Leer este libro puede tener efectos secundarios* como:

Quedar boquiabierto y pedir ayuda para recuperarte

Quedar totalmente cautivado con la cultura de Jesús

Superentusiasmarte por las evidencias de la vida de Jesús

Tener fe absoluta en sus milagros increíbles y enseñanzas victoriosas

Una comprensión incomparable de su muerte y resurrección

DESCUBRE A JESÚS EN TODA LA BIBLIA

a medida que aprendes sobre Su cultura, quiénes lo amaban y quiénes lo rechazaban, los asombrosos sucesos relacionados con Él y mucho más.

* No se han reportado efectos secundarios perjudiciales después de leer este libro, incluso después de las múltiples veces recomendadas. Los resultados de la lectura de este libro pueden incluir pequeñas cortaduras de papel y una comprensión más profunda de Jesús.

CONTENIDO

JESÚS : EL NOMBRE SOBRE TODO NOMBRE

(y todos los otros nombres de Jesús)

Hebreo		Significado
Griego		Versículo clave

Jesús

Pablo

- א יְשׁוּעָה • Yeshúa
- α Ἰησοῦς • Iēsous
- Jehová es salvación
- Filipenses 2:9-11

¿SABÍAS QUE el hombre que liberaron en lugar de Jesús también se llamaba Jesús? Jesús Barrabás, pero muchas versiones de la Biblia solo incluyen el nombre Barrabás.

Cristo / Mesías / El Ungido

Andrés

- α Χριστός • Christos
- α Μεσσίας • Mesías
- El ungido o mesías.
- Juan 1:41

Cordero de Dios

Juan el Bautista

- α ἀμνός • amnos
- α θεός • theos
- Juan 1:29, 36
- Cordero
- Dios

Emanuel

Isaías

- א עִמָּנוּאֵל • Immanu-el
- α Ἐμμανουήλ • Emmanouel
- Dios con nosotros.
- Isaías 7:14

Hijo de Dios

Marta

- α υἱός • uhiós
- α θεός • theos
- Juan 11:27
- Hijo
- Dios

Entre los que testificaron que Jesús era el Hijo de Dios se incluyen Dios Padre, el ángel Gabriel, los apóstoles Pedro y Pablo, los demonios y Jesús mismo.

Hijo del Hombre

Jesús

- α υἱός • uhiós
- α ἄνθρωπος • anthropos
- Marcos 10:45
- Hijo
- Hombre

¿Por qué Jesús decía ser el Hijo del Hombre? Tal vez para recordar a la gente sobre su humanidad o quizás se estaba refiriendo a una profecía mesiánica en Daniel 7:13-14.

Hijo de David

Mateo

- α υἱός • uhiós
- α Δαβίδ • Dabid
- Mateo 1:1
- Hijo
- David

NÚMERO DE VECES QUE SE UTILIZAN ESTOS NOMBRES DE JESÚS EN LA BIBLIA*

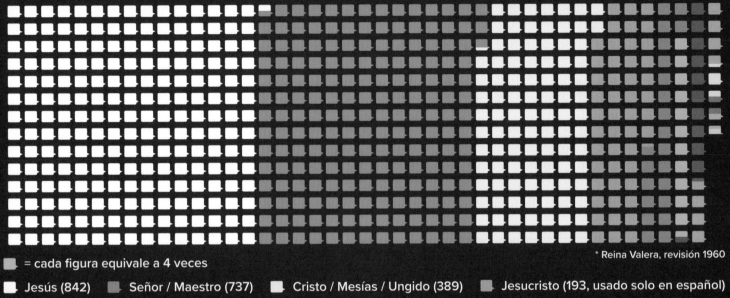

= cada figura equivale a 4 veces

* Reina Valera, revisión 1960

■ Jesús (842)   ■ Señor / Maestro (737)   ■ Cristo / Mesías / Ungido (389)   ■ Jesucristo (193, usado solo en español)

■ Hijo del Hombre (87)   ■ Hijo de Dios (46)   ■ Salvador (25)   ■ Hijo de David (18)   ■ Rey de los judíos (18)

■ Rabí / Raboni (12)   ■ Verbo (7)   ■ Alfa y Omega (4)   ■ Emanuel (3)   ■ Cordero de Dios (2)

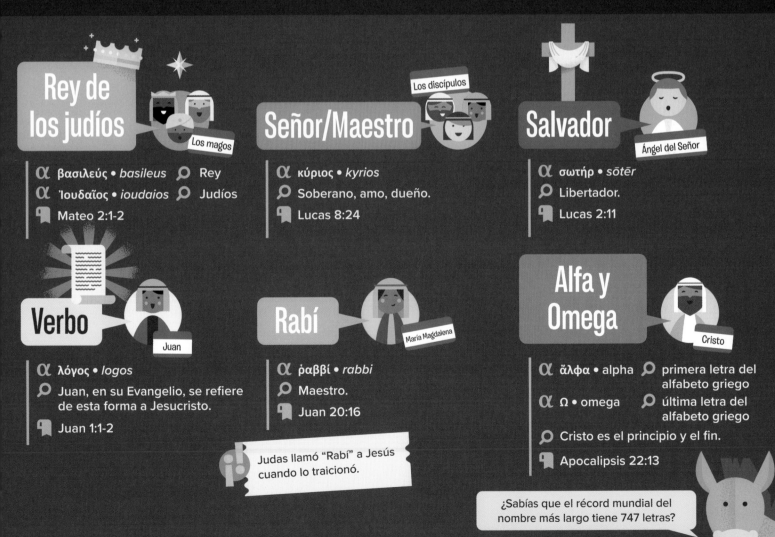

Rey de los judíos
Los magos

α βασιλεύς • *basileus*   🔍 Rey
α Ἰουδαῖος • *ioudaios*   🔍 Judíos
🔖 Mateo 2:1-2

Señor/Maestro
Los discípulos

α κύριος • *kyrios*
🔍 Soberano, amo, dueño.
🔖 Lucas 8:24

Salvador
Ángel del Señor

α σωτήρ • *sōtēr*
🔍 Libertador.
🔖 Lucas 2:11

Verbo
Juan

α λόγος • *logos*
🔍 Juan, en su Evangelio, se refiere de esta forma a Jesucristo.
🔖 Juan 1:1-2

Rabí
María Magdalena

α ῥαββί • *rabbi*
🔍 Maestro.
🔖 Juan 20:16

Judas llamó "Rabí" a Jesús cuando lo traicionó.

Alfa y Omega
Cristo

α ἄλφα • *alpha*   🔍 primera letra del alfabeto griego
α Ω • *omega*   🔍 última letra del alfabeto griego
🔍 Cristo es el principio y el fin.
🔖 Apocalipsis 22:13

¿Sabías que el récord mundial del nombre más largo tiene 747 letras?

JESÚS EN EL

JESÚS EN LA ETERNIDAD

Jesús existía antes que se crearan los cielos y la tierra. (Colosenses 1:17)
Tres de sus títulos nos recuerdan su naturaleza eterna:

Yo Soy • Juan 8:56-59

Cuando Jesús dijo:
"Antes que Abraham fuese, yo soy",
¡No cometió un error gramatical!
**Solo afirmó que siempre existió,
sin tener principio ni fin.**
(Increíble, lo sabemos).

También se refería a Éxodo 3:14-15,
cuando Dios responde a Moisés:
"YO SOY EL QUE SOY".

Jesús afirmaba así ser el mismo Dios que
había sacado a Israel de Egipto siglos atrás.

el Verbo • Juan 1:1

Esto no significa que Jesús es
un **verbo** en el sentido literal

integrado por letras y sonidos.

En griego, este es el término **"logos"**.

Logos revela la verdad, sustancia
y razón de las palabras.

Parte del propósito de Jesús es
revelarnos la verdad **de Dios**.

el Hijo • Juan 17:1, 5

Las tres personas de la Trinidad
vivían juntas en el pasado eterno.

El Padre   **El Hijo**   **El Espíritu Santo**

El papel de Jesús como Hijo era
llevar a cabo el plan del Padre.

JESÚS EN LA CREACIÓN

¿QUÉ creó?

¡Todo!
Colosenses 1:16

De hecho, **nada se creó
sin Jesús.**
Juan 1:3

¿CÓMO lo creó?

Dios creó todo a través
del **Verbo** (que era Jesús),
y es por medio de Él
que todo existe.

¿POR QUÉ lo creó?

Dios Padre, Hijo y Espíritu Santo
querían **compartir su amor**,
de modo que crearon
el universo.

PRINCIPIO

JESÚS EN EL ANTIGUO TESTAMENTO

Jesús aparece varias veces en la Biblia antes de nacer como hombre.

Teofanías: manifestaciones de Dios en forma humana

No podemos ver a Dios el Padre en forma física; cuando veían a Dios en el Antiguo Testamento, en realidad estaban viendo a Jesús (Juan 1:18).

En muchas de estas ocasiones, se llama a Jesús "ángel [mensajero] de Jehová".

AGAR
Génesis 16:7-12

Cuando Sara expulsó a su sierva Agar, el ángel de Jehová la encontró junto a un manantial y le anunció que tendría un hijo llamado Ismael.

ABRAHAM
Génesis 18:1-20

El Señor se apareció a Abraham para prometerle que él y Sara tendrían un hijo antes de un año y anunciarle su intención de destruir Sodoma.

MOISÉS
Éxodo 3:1-5

El ángel de Jehová se apareció a Moisés desde una zarza ardiente y le dijo que liberaría a Israel de la esclavitud de Egipto.

JOSUÉ
Josué 5:13-15

El Príncipe del ejército de Jehová se apareció a Josué y le anunció cómo Israel conquistaría la ciudad de Jericó.

GEDEÓN
Jueces 6:11–27

El ángel de Jehová se apareció a Gedeón y le dijo que estaría con él cuando guiara a su ejército contra los madianitas.

ISAÍAS
Isaías 6:1-4

Isaías tuvo una visión del Señor sentado en un trono celestial. El apóstol Juan señala que Isaías vio la gloria de Jesús (Juan 12:41).

PACTOS DE LA BIBLIA

EN EL ANTIGUO TESTAMENTO, DIOS HIZO VARIOS PACTOS CON SU PUEBLO.

NOÉTICO
Génesis 9:8-17

Dios y **Noé, su descendencia y toda criatura viviente**

PROMETIÓ A NOÉ...
que nunca más destruiría la tierra con un diluvio.

ACORDARON...
nada.

INCONDICIONAL

SEÑAL:
un arcoíris.

SELLO:
Noé ofreció sacrificios a Dios después que lo rescatara del diluvio.

Jesús traerá juicio final sobre los malvados, pero salvará a los que pasen por las aguas del bautismo* (Mateo 24:37–38; 1 Pedro 3:20–21).

* "... (no quitando las inmundicias de la carne, sino como la aspiración de una buena conciencia hacia Dios) por la resurrección de Jesucristo ..." (1 Pedro 3:21b).

ABRAHÁMICO
Génesis 12:1-3; 15:1-18

Dios y **Abraham y su descendencia**

PROMETIÓ A ABRAHAM...
Tierra: su familia poseería la tierra prometida.
Descendencia: sería el padre de una gran nación.
Bendición: todas las naciones del mundo serían benditas a través de su simiente.

ACORDARON...
creer por fe en la promesa.

INCONDICIONAL

SEÑAL:
el nacimiento de su hijo, Isaac.

SELLO:
Abraham presentó una ofrenda al Señor.

Jesús es la simiente de Abraham a través de quien todas las naciones son benditas (Gálatas 3:14-16).

MOSAICO
Éxodo 19:1-8; 24:3-8

Dios y **La nación de Israel**

PROMETIÓ...
hacer de Israel su pueblo preciado y bendecirlo en la tierra prometida.

TIERRA PROMETIDA →

ACORDÓ...
obedecer los mandamientos del Señor.

CONDICIONAL

SEÑAL:
la ley escrita en tablas de piedra.

SELLO:
Moisés edificó un altar al Señor y roció sangre sobre el pueblo de Israel.

Jesús cumplió (guardó) toda la ley (Mateo 5:17).

DAVÍDICO
2 Samuel 7
Jeremías 33:14-22

Dios y **David**

PROMETIÓ...
establecer el trono de David para siempre. Nunca faltaría un descendiente de David como Rey de Israel.

ACORDÓ...
nada.

INCONDICIONAL

SEÑAL:
el pacto que anunció el profeta Natán.

SELLO:
David oró al Señor.

Jesús es la simiente de David que reina por siempre (Mateo 1:1; Apocalipsis 22:16).

¿Qué es un pacto?

UN PACTO es un acuerdo entre dos o más personas. Es más que un simple contrato, es la base de una relación (como el matrimonio).

UN CONTRATO es un acuerdo entre personas sobre una transacción (como comprar un automóvil).

Dios hizo dos tipos de pactos con su pueblo:

Pactos condicionales:
Las personas **acuerdan** obedecer a Dios y Él **promete** bendecirlas.

Pactos incondicionales:
Dios **promete** bendecir a personas **sin importar** lo que hagan.

Todos los pactos se hicieron con...

UNA SEÑAL
la expresión visible de que Dios **acepta** el pacto; algo parecido a la firma de un contrato.

UN SELLO
una actividad o expresión de que la persona comprende los términos del pacto y los **acepta**.

Guau, ¡totalmente *legal!*

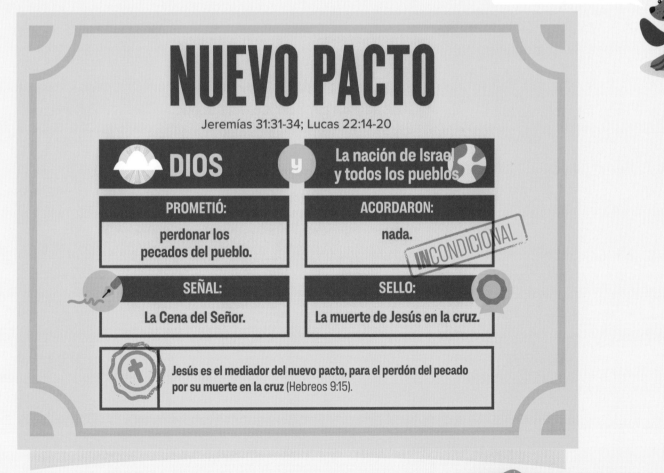

NUEVO PACTO

Jeremías 31:31-34; Lucas 22:14-20

DIOS	y	La nación de Israel y todos los pueblos
PROMETIÓ: perdonar los pecados del pueblo.		**ACORDARON:** nada.
SEÑAL: La Cena del Señor.		**SELLO:** La muerte de Jesús en la cruz.

INCONDICIONAL

Jesús es el mediador del nuevo pacto, para el perdón del pecado por su muerte en la cruz (Hebreos 9:15).

Todos los pactos del Antiguo Testamento se cumplen en Jesús.

Todas las promesas de Dios se cumplen en Él (2 Corintios 1:20).

¿¡EN LAS PROFECÍAS?!

¡JESÚS TAMBIÉN ESTABA EN EL ANTIGUO TESTAMENTO!

ANTIGUO TESTAMENTO

Por ejemplo ¡fíjate en Zacarías 9:9!

¿Quién más podría ser? Solo Dios.

Es asombroso pensar que cientos de años antes que Jesús naciera, ¡las personas sabían que Él vendría! ¡Las profecías mesiánicas escritas en el Antiguo Testamento nos hablan de Cristo y de todas las maravillas que Él haría!

¿Quién podría haber escrito algo tan detallado y certero?

LOS LIBROS DE LA BIBLIA SE COMBINAN PARA PROPORCIONARNOS UNA HISTORIA FASCINANTE Y COHERENTE.

★ = 1 profecía, ¡lee el versículo para saber más!

★ 3:15 Dios enviaría a un Salvador para derrotar a Satanás

★ 13:15
★ 14:18-20
★ 18:18
★ 49:10

★ 9:12
★ 21:8-9
★ 24:17

PROFECÍAS DEL ANTIGUO TESTAMENTO
Profecías sobre el Mesías venidero.

CUMPLIMIENTOS EN EL NUEVO TESTAMENTO
Jesús cumple las profecías mesiánicas.

Las profecías nos muestran el camino al Mesías; el que era, el que es y el que ha de venir: ¡Jesús!

★ 40:6-8
2:7 ★   ★ **41:9** Un amigo lo traicionó (Marcos 14:10)
2:9 ★   ★ 45:6-7
8:2 ★   ★ 68:18
8:4-6 ★   ★ 69:9
16:8-11 ★   ★ 69:21
22:1 ★   ★ 69:25
22:7-8 ★   ★ 78:2
22:18 ★   ★ 102:25-27
22:22 ★   ★ 110:1
31:5 ★   ★ 110:4
No le quebraron las piernas (Juan 19:31-36) **34:20** ★   ★ 118:22-23
35:19 ★   ★ 118:26

★ 18:18
★ **21:23** Maldición por muerte en un madero (Gálatas 3:13)
★ 30:11-14

★ **12:1-13** El Cordero pascual
★ 12:46
★ 16:4
★ 24:8

★ 7:14
★ **7:16** Hijo de David

★ **16:15-17** Sacrificio de sangre expiatorio

★ **17:13** Hijo de Dios

GÉNESIS | ÉXODO | LEVÍTICO | NÚMEROS | DEUTERONOMIO | JOSUÉ | JUECES | RUT | 1º SAMUEL | 2º SAMUEL | 1º REYES | 2º REYES | 1º CRÓNICAS | 2º CRÓNICAS | ESDRAS | NEHEMÍAS | ESTER | JOB | SALMOS | PROVERBIOS

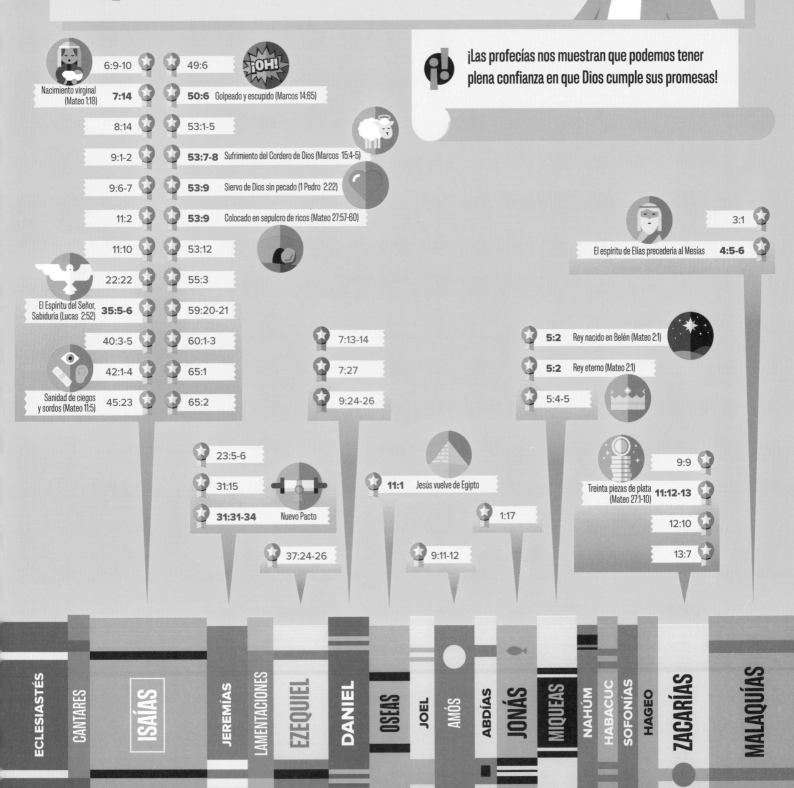

"Y les dijo: Estas son las palabras que os hablé, estando aún con vosotros: que era necesario que se cumpliese todo lo que está escrito de mí en LA LEY DE MOISÉS, LOS PROFETAS y LOS SALMOS".

Lucas 24:44

Los libros de la Biblia hebrea (el Antiguo Testamento) se dividieron por género. Cada género tenía un uso diferente en el culto judío y se leía de manera diferente.

¡Las profecías nos muestran que podemos tener plena confianza en que Dios cumple sus promesas!

6:9-10

7:14 — Nacimiento virginal (Mateo 1:18)

8:14

9:1-2

9:6-7

11:2

11:10

22:22

35:5-6 — El Espíritu del Señor, Sabiduría (Lucas 2:52)

40:3-5

42:1-4

45:23 — Sanidad de ciegos y sordos (Mateo 11:5)

49:6

50:6 — Golpeado y escupido (Marcos 14:65)

53:1-5

53:7-8 — Sufrimiento del Cordero de Dios (Marcos 15:4-5)

53:9 — Siervo de Dios sin pecado (1 Pedro 2:22)

53:9 — Colocado en sepulcro de ricos (Mateo 27:57-60)

53:12

55:3

59:20-21

60:1-3

65:1

65:2

3:1

El espíritu de Elías precedería al Mesías — 4:5-6

7:13-14

7:27

9:24-26

5:2 — Rey nacido en Belén (Mateo 2:1)

5:2 — Rey eterno (Mateo 2:1)

5:4-5

23:5-6

31:15

31:31-34 — Nuevo Pacto

37:24-26

11:1 — Jesús vuelve de Egipto

1:17

9:11-12

9:9

Treinta piezas de plata (Mateo 27:1-10) — 11:12-13

12:10

13:7

ECLESIASTÉS · CANTARES · ISAÍAS · JEREMÍAS · LAMENTACIONES · EZEQUIEL · DANIEL · OSEAS · JOEL · AMÓS · ABDÍAS · JONÁS · MIQUEAS · NAHÚM · HABACUC · SOFONÍAS · HAGEO · ZACARÍAS · MALAQUÍAS

Descubre pistas sobre la
VIDA DE JESÚS

Para tener más pistas sobre Jesús y su vida, podemos estudiar otros **textos históricos** (además de la Biblia) y ver **evidencia arqueológica** de la vida de Jesús en la tierra.

texto histórico

evidencia arqueológica

- 👤 Autor
- ⌛ Año de descubrimiento
- ⭐ Importancia
- 📖 En la Biblia

Discurso verdadero

- 👤 Obra escrita por Celso, un filósofo griego (176 d. C.).
- ⭐ Menciona tanto el cristianismo como el judaísmo (aunque critica a ambos).
- 📖 Hechos 11:26

Cartas

- 👤 Obra escrita por Plinio el Joven, un gobernador romano (61–113 d. C.).
- ⭐ Hace referencia a los cristianos que adoraban a Jesús.
- 📖 Hechos 2:42-47

Anales

- 👤 Obra escrita por Tácito, un historiador romano (116 d. C.).
- ⭐ Se refiere a Jesús como Cristo, el fundador del cristianismo, ejecutado por Poncio Pilato bajo el reinado de Tiberio.
- 📖 Lucas 3:1-2

Antigüedades de los judíos

- 👤 Obra escrita por Josefo, un historiador judío (93 d. C.).
- ⭐ Llama a Santiago "el hermano de Jesús, llamado Mesías" porque Jesús era más famoso que él.
- 📖 Mateo 13:55

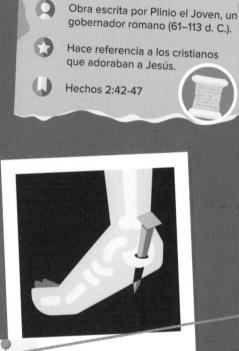

Talón con clavo

- ⌛ 1968
- ⭐ Encontrado en un osario (caja de huesos) dentro de una tumba. Este hallazgo confirma que la crucifixión era real y que Jesús pudo haber sido sepultado en una tumba.
- 📖 Mateo 27:35, 59-60

Vidas de los doce césares

- 👤 Obra escrita por Suetonio, un historiador romano (120 d. C.).
- ⭐ Habla de Jesús como instigador de disturbios. Jesús no fue un instigador, pero se formaban turbas contra las personas que predicaban sobre Él.
- 📖 Hechos 17:1-9

¿Qué es una caja de huesos? ¡Mira el **Osario de Caifás!**

Barca pesquera

⏳ 1986

⭐ ¿Recuerdas la historia de Jesús y sus 12 discípulos en una barca? Había una tormenta, pero Jesús calmó el viento y las olas.

📖 Lucas 8:22-25

8,2 m x 2,3 m

Aproximadamente dos VW *Beetle* de largo y 1½ de ancho.

La barca tenía asientos para 12 pasajeros y un remero. ¡El récord Guinness para la mayor cantidad de personas dentro de un VW *Beetle* es 20!

Sinagoga de Magdala

⏳ 2009

⭐ Se cree que Magdala es el lugar de nacimiento de María Magdalena, la primera testigo de la resurrección de Jesús.

📖 Juan 20:11-18

Osario de Caifás

⏳ 1990

⭐ Los Evangelios señalan que Caifás era el sumo sacerdote judío durante la vida de Jesús y el que intervino en Su arresto.

📖 Juan 18:12-14

30 cm | 76 cm

Casi el tamaño de 6 cajas de zapatos

GALILEA

MAR DE GALILEA

JUDEA

JERUSALÉN

HERODIÓN

MAR MUERTO

Anillo con el nombre de Pilato

⏳ 1968-1969

⭐ Tal vez no perteneció al mismo Pilato, sino a alguien que trabajaba para él.

📖 Mateo 27:2

¿Dónde están las pertenencias de Jesús?

¿Quizás un juguete favorito o un par de sandalias? Jesús fue un humilde carpintero judío. **Lo poco que tenía no parecería importante preservar en ese momento.**

La mejor prueba de la existencia de Jesús es algo que todos podemos ver hoy: la expansión del cristianismo. En alrededor de 2000 años, hay cristianos en todos los países del mundo. Piensa: ¿podría un carpintero judío del primer siglo haber logrado esta proeza por sí solo?

LOS CUATRO EVANGELIOS

o "BUENAS NUEVAS"

Los cuatro Evangelios nos relatan las historias más conocidas de Jesús.
Cada uno nos permite una comprensión más profunda sobre quién es Jesús y qué hizo.

JESÚS = REY

EL EVANGELIO DE MATEO

MATEO 1:1

 Escrito por el apóstol Mateo.

Escrito para judíos; personas que conocían el Antiguo Testamento, la Ley de Moisés y los profetas.

Jesús es el Rey prometido, descendiente de David, el Ungido (o Mesías). Cumplió las esperanzas y profecías del Antiguo Testamento.

Alude al Antiguo Testamento más que cualquier otro Evangelio, ¡en más de 130 citas y referencias!

El único Evangelio que menciona a los magos en el nacimiento de Jesús.

> **Cierra la brecha entre el Antiguo y el Nuevo Testamento.**
> Mateo 5:17

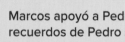

JESÚS = SIERVO

EL EVANGELIO DE MARCOS

MARCOS 10:45

 Escrito por Marcos el evangelista, alias "Juan, también llamado Marcos", alias Juan Marcos.

¿Aún confundido?

 Escrito para todos (judíos y no judíos).

Jesús es el ejemplo perfecto de servicio bíblico, demostrado a través de todo lo que hizo por nosotros, en particular sus milagros, no solo lo que dijo.

¡El Evangelio más corto y lleno de acción! (¡Y probablemente el Evangelio más antiguo!).

 Marcos apoyó a Pedro y Pablo. Tal vez usó los recuerdos de Pedro sobre Jesús en su Evangelio.

> **Se lee más como una narración.**
> (Puede haber sido intencional para poder memorizarlo y contarlo a otros).

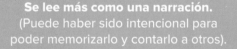

¿POR QUÉ CUATRO?

Bueno... Jesús no era un hombre como cualquiera. No hacía cosas comunes y corrientes.

Los cuatro autores de los Evangelios sabían la importancia de contar la historia de Jesús desde **diferentes perspectivas** y presentar una imagen nítida y precisa de Jesús.

JESÚS = SALVADOR

EL EVANGELIO DE LUCAS

LUCAS 19:10

 Escrito por Lucas, el médico.

 Escrito para aquellos que no sabían mucho sobre la vida de Cristo.

Jesús es el Mesías tan esperado. Un relato detallado de su vida muestra que vino a buscar y salvar a los perdidos: todo pueblo, lengua y nación.

¡El más largo de los cuatro Evangelios y el libro más largo de todo el Nuevo Testamento!

¡Porque Lucas entra en la historia de Jesús con mucho detalle!

Lucas escribió el Evangelio de Lucas y el libro de Hechos. Juntos componen casi el **27,5% del Nuevo Testamento**.

27,5%

NUEVO TESTAMENTO

 Lucas también fue compañero de Pablo y quizás tuvo acceso a relatos directos sobre Jesús.

Lucas no vio personalmente el ministerio de Jesús.
Escribió su libro basado en el testimonio de testigos presenciales.

Lucas 1:1-4

JESÚS = DIOS

EL EVANGELIO DE JUAN

JUAN 20:30-31

 Escrito por Juan, "el discípulo a quien Jesús amaba".

Escrito para ¡todos!

 Jesús es el Verbo, el Hijo de Dios y Dios mismo. Los varios "Yo soy" de Jesús (ver pp. 24-25) y muchas obras milagrosas demuestran que Él es Dios quien vino a salvar al mundo.

La historia que relata Juan comienza mucho antes que la de los otros tres: ¡con la creación! (Juan 1:1).

 Juan también escribió otros libros del Nuevo Testamento: Primera, Segunda y Tercera de Juan y Apocalipsis.

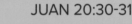

EVANGELIO DE JUAN	
PRIMERA DE JUAN	
SEGUNDA DE JUAN	
TERCERA DE JUAN	
APOCALIPSIS	

Ningún escritor de cada Evangelio intenta hacer una crónica de la vida completa de Jesús.
¡Juan incluso señala que el mundo no podría contener la documentación de todo lo que hizo Jesús!

 ¡Guau!

Juan 21:25

LAS PISADAS DE JESÚS

Jesús llevó una vida increíble, llena de predicaciones, enseñanzas, viajes, sanidades, ¡y milagros!

SIGUE SUS PISADAS.

... 4800 kilómetros durante su ministerio.

Eso equivale a caminar desde **Seattle, WA**, hasta **Orlando, FL**.

Se calcula que Jesús viajó más de...

... 34 000 kilómetros durante toda su vida.

Lo que equivale a caminar **80 000** veces alrededor de una pista de atletismo.

¡Solo faltan 75 000 vueltas!

1
Nació.
Lucas 2:10-20

2
Escapa de Herodes.
Mateo 2:13-18

3
Regresa con su familia a Israel y crece allí.
Mateo 2:19-23

4
Juan el Bautista lo bautiza.
Mateo 3:13-17

5
Satanás lo tienta.*
Mateo 4:1-11

6
Realiza su primer milagro al convertir el agua en vino.
Juan 2:1-11

7
Empieza a bautizar a la gente.
Juan 3:22

8
Habla con una mujer samaritana junto a un pozo.
Juan 4:1-42

9
Sana al hijo de un oficial.
Juan 4:46-54

10
Sana a un inválido en un estanque.
Juan 5:1-9

11
Predica en su ciudad natal, pero su propio pueblo lo rechaza.
Lucas 4:13-30

12
Inicia su ministerio de predicación (también en cumplimiento de la profecía: leer Isaías 9:1-2).
Marcos 1:14-15

13
Escoge a sus 12 discípulos y predica el famoso Sermón del Monte.
Lucas 6:12-49

14
Viaja por Galilea, predicando, haciendo señales y milagros, y enseñando con parábolas.
Lucas 8:1-3

15
Calma una tormenta.
Marcos 4:35-41

16
Sana a una mujer con flujo de sangre y a dos ciegos. Expulsa demonios y resucita a una niña.
Mateo 9:18-35

17
Lo rechazan otra vez.
Marcos 6:1-6

18
Predica por otra región. Mientras tanto, Juan el Bautista es decapitado.
Marcos 6:7-29

19
Alimenta a 5000 hombres (más mujeres y niños).
Mateo 14:13-21

20
Camina sobre el agua.
Mateo 14:22-33

21
Sana a la hija de una mujer cananea.
Mateo 15:21-28

22
Sana a muchos, incluidos cojos, ciegos y mudos. Alimenta a 4000 hombres (más mujeres y niños).
Mateo 15:29-38

23
Comienza a enseñar a los discípulos sobre su muerte y resurrección. Pedro declara que Jesús es el Cristo.
Lucas 9:18-27

24
Se transfigura delante de Pedro, Santiago y Juan (hermano de Santiago).*
Lucas 9:28-36

25
Comienza a enseñar al pueblo judío quién es Él. Intentan apedrearlo, pero Jesús escapa.
Juan 7:14–8:59

26
Enseña en la casa de María y Marta.
Lucas 10:38-42

27
Enseña sobre el Reino de los cielos y su inminente muerte.
Lucas 13:22–17:10

* Ubicación probable (se desconoce la ubicación exacta).

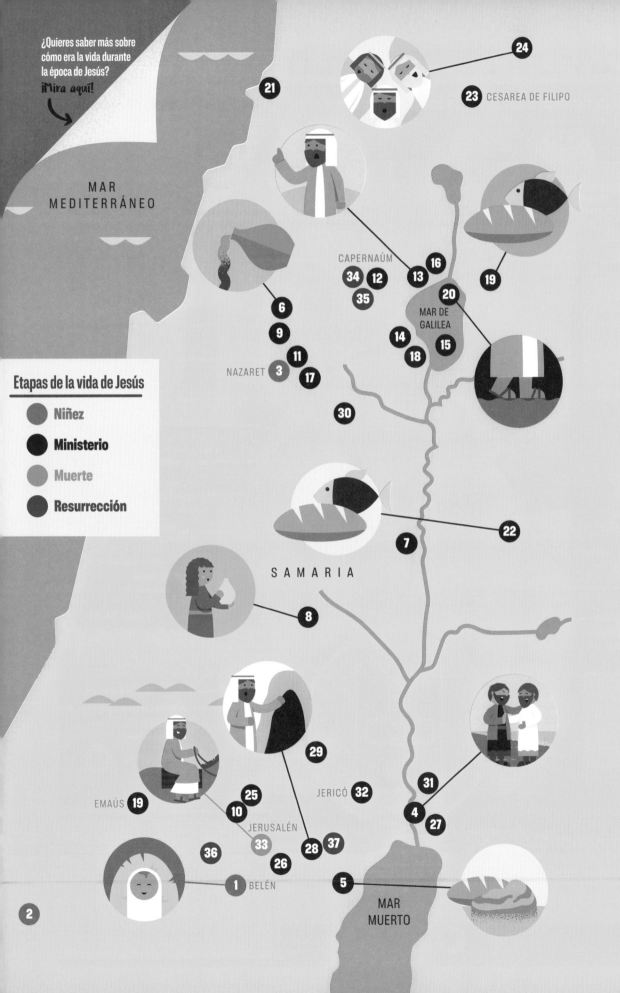

¿Quieres saber más sobre cómo era la vida durante la época de Jesús?
¡Mira aquí!

MAR MEDITERRÁNEO

Etapas de la vida de Jesús

- Niñez
- **Ministerio**
- Muerte
- Resurrección

CESAREA DE FILIPO

CAPERNAÚM

MAR DE GALILEA

NAZARET

SAMARIA

JERICÓ

EMAÚS

JERUSALÉN

BELÉN

MAR MUERTO

28 Resucita a Lázaro. Enfurecidos, los fariseos traman matar a Jesús.
Juan 11:1-53

29 Se aparta con sus discípulos después de enterarse del complot para matarlo.
Juan 11:53-54

30 Se une a los peregrinos que se dirigen a Jerusalén para la Pascua, sanando y enseñando en el camino.
Lucas 17:11–18:14

31 Predica a más seguidores y anuncia su muerte en Jerusalén por tercera vez.
Mateo 19:1–20:28

32 Sana a un ciego y salva a Zaqueo, un recaudador de impuestos.
Lucas 18:35–19:10

33 Llega a Jerusalén para lo que hoy es Semana Santa, lo crucifican y resucita.
Mateo 21:1–28:5

34 Se aparece a siete de sus discípulos mientras estaban pescando, y desayuna con ellos.
Juan 21

35 Se aparece a 11 de sus discípulos y les encarga la Gran Comisión.
Mateo 28:16-20

36 Se aparece a su hermano Jacobo (Santiago) y otra vez a sus discípulos.
1 Corintios 15:7;
Lucas 24:44-49

37 Asciende al cielo.
Lucas 24:50-53

LOS SIETE **YO SOY** DE JESÚS

Cuando alguien dice: **"Yo soy..."**, revela algo sobre sí mismo. Cuando Jesús declara "Yo soy..." dice algo muy importante sobre Él: Él es Dios, el gran **Yo soy** (Éxodo 3:14). Jesús declara no solo **qué** puede hacer o dar, sino también **quién** es.

Yo soy el **PAN DE VIDA** Juan 6:35

Dios suplió milagrosamente **pan** en el desierto a los israelitas, y lo llamó "maná".

Maná significa "¿Qué es esto?" en hebreo. También se lo conoce como "pan del cielo".

El **pan** puede saciarnos, pero volveremos a tener hambre.

Jesús **satisface y sustenta nuestra alma** y sacia nuestra hambre.
Juan 6:51

¡! Joaquim Gonçalves de Brasil hizo en 2008 la barra de pan más grande que pesó unos 1570 kg.

Yo soy la **VID VERDADERA** Juan 15:5

Separados de la vid, los pámpanos no dan fruto.

¡! ¡Las vides y los viñedos se mencionan más de 200 veces en la Biblia! Simbolizan algo bendecido, bueno y próspero.

Unidos a la vid, los pámpanos dan fruto y se desarrollan.

Separados de Jesús, **no damos fruto espiritual.**

Unidos a Jesús, **damos fruto espiritual** y crecemos.

Isaías comparó a Israel con una vid que solo producía **malos frutos.**
Isaías 5

Jesús cumple el destino de Israel como la vid que produce vida y fruto.
Salmos 80:4-17

PÁMPANOS = NOSOTROS   **VID** = JESÚS   **FRUTO** = AMOR, GOZO, PAZ... (GÁLATAS 5:22-23)

Yo soy la **LUZ DEL MUNDO** Juan 8:12

En el principio, Dios dijo: **"Sea la luz".**
Génesis 1:3

Dios guio al pueblo de Israel con **una columna de fuego.**
Éxodo 13–14

Dios habita en **"luz inaccesible".**
1 Timoteo 6:16

Juan se refiere a Jesús como **la luz.**
Juan 1:4-14

¡! Los científicos de la NASA descubrieron que, sin gravedad, ¡una llama se vuelve esférica!

Jesús proporciona **luz espiritual** a cualquiera que lo sigue.

¡! Durante los tiempos bíblicos, aún no se habían inventado las velas tradicionales. En cambio, había lámparas, típicamente hechas de cerámica, con una mecha de lino que quemaba aceite de oliva u otro.

24

Yo soy el **BUEN PASTOR** Juan 10:11

Dios prometió que pastorearía a su pueblo.
Ezequiel 34:11-16

EL PASTOR = DIOS

Los buenos pastores encaminan y guían a sus ovejas, e impiden que se descarríen. **Lo sacrifican todo por su rebaño.**

Cuando las **ovejas** entran por la **puerta**, se convierten en las **ovejas preciadas** del pastor.

Cuando **tú** entras por medio de **Jesús**, te conviertes en uno de los **hijos preciados** de Dios.

LAS OVEJAS = LOS HIJOS DE DIOS

¡! China tiene la mayor cantidad de ovejas del mundo, más que la población humana de Rusia, México o Japón.

200 M	142,3 M	128,9 M	124,6 M
CHN	RUS	MEX	JPN

Jesús es el verdadero y **buen pastor**. Él nos encamina, nos guía e impide que nos descarriemos en el pecado. **Sacrificó su vida por la nuestra.**

¡! Las ovejas se solían mantener en un redil, una especie de círculo de rocas que formaba un muro. **Los pastores eran literalmente una puerta,** ¡apostados en la pequeña abertura del redil! Esto mantenía las ovejas adentro y a salvo de peligros.

LA PUERTA = JESÚS

Yo soy la **PUERTA DE LAS OVEJAS** Juan 10:7
Yo soy el **CAMINO**, y la **VERDAD**, y la **VIDA** Juan 14:6

ÚNICO CAMINO →

Jesús es el **único camino** al Padre.

Jesús es el **camino** a la **vida eterna**.

Jesús es la verdad (revelación) completa del **Padre**.

¡! En el libro de los Hechos, se llama dos veces a los cristianos **"seguidores del Camino"**. Pablo dijo que persiguió a "este Camino" (Hechos 22:4) hasta que él también se convirtió en un seguidor del "Camino" (Hechos 24:14).

Yo soy la **RESURRECCIÓN** y la **VIDA** Juan 11:25

El poder de la **resurrección** solo se encuentra en Jesús.

Jesús es el **Señor sobre la muerte** misma.

Jesús promete **vida eterna** a todos los que creen en Él.

Quienes creen en Jesús **resucitarán corporalmente** cuando Jesús regrese.

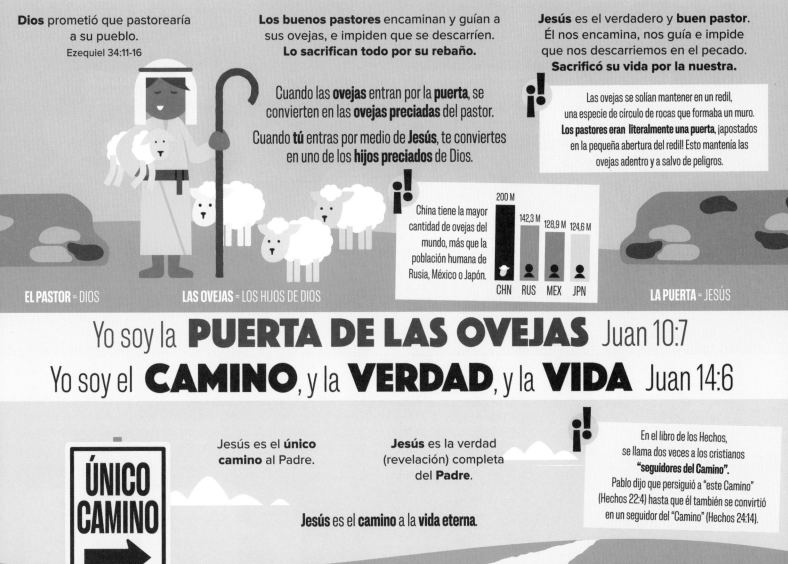

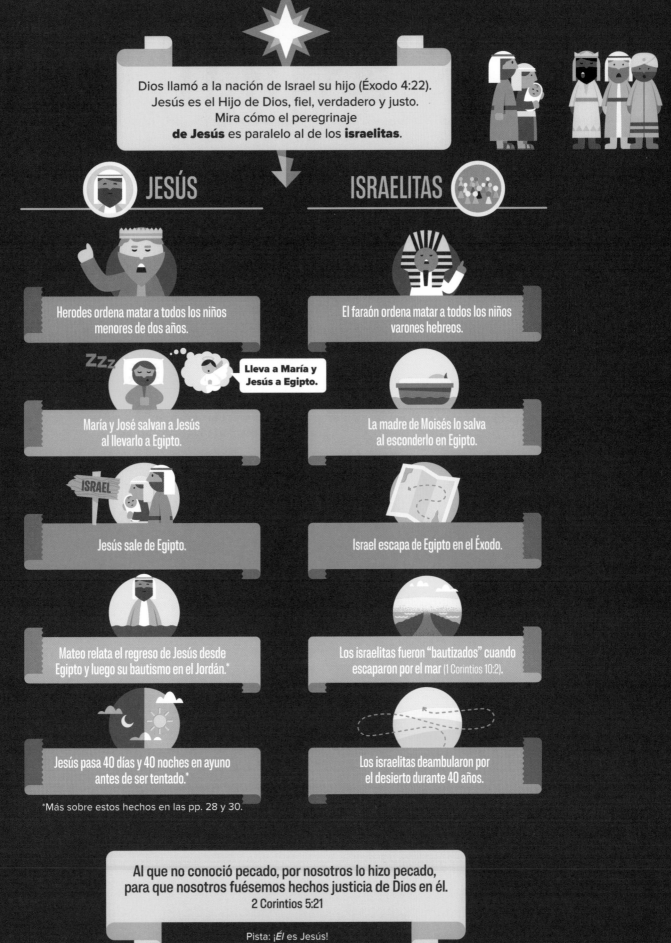

Dios llamó a la nación de Israel su hijo (Éxodo 4:22).
Jesús es el Hijo de Dios, fiel, verdadero y justo.
Mira cómo el peregrinaje
de Jesús es paralelo al de los **israelitas**.

JESÚS

ISRAELITAS

Herodes ordena matar a todos los niños menores de dos años.

El faraón ordena matar a todos los niños varones hebreos.

Lleva a María y Jesús a Egipto.

María y José salvan a Jesús al llevarlo a Egipto.

La madre de Moisés lo salva al esconderlo en Egipto.

Jesús sale de Egipto.

Israel escapa de Egipto en el Éxodo.

Mateo relata el regreso de Jesús desde Egipto y luego su bautismo en el Jordán.*

Los israelitas fueron "bautizados" cuando escaparon por el mar (1 Corintios 10:2).

Jesús pasa 40 días y 40 noches en ayuno antes de ser tentado.*

Los israelitas deambularon por el desierto durante 40 años.

*Más sobre estos hechos en las pp. 28 y 30.

Al que no conoció pecado, por nosotros lo hizo pecado,
para que nosotros fuésemos hechos justicia de Dios en él.
2 Corintios 5:21

Pista: *Él* es Jesús!

JESÚS ES BAUTIZADO

Mateo 3:13

Mateo continúa mostrando que el peregrinaje de Jesús es paralelo al de los israelitas (ver p. 27). Después de que Jesús y su familia regresaron de Egipto a vivir en Nazaret, Mateo pasa a describir el bautismo de Jesús en el río Jordán.

Este es mi Hijo amado, en quien tengo complacencia.
Mateo 3:17

Yo necesito ser bautizado por ti, ¿y tú vienes a mí?
Mateo 3:14

Deja ahora, porque así conviene que cumplamos toda justicia.
Mateo 3:15

Cuando Jesús salió del agua, el cielo se abrió y el Espíritu de Dios descendió sobre Él como una paloma.
Mateo 3:16

Juan el Bautista (alias J. B.)

Preparó el camino para Jesús predicando en el desierto y llamando a la gente a arrepentirse de sus pecados y bautizarse.

Comía langostas y miel.

Se vestía como el profeta Elías.
2 Reyes 1:8

Llevaba ropa de pelo de camello (¡qué cómodo!) y cinturón de cuero.

Jesús (alias J. C.)

Salvador, Mesías y, por donde lo miren, el mejor de todos.

Ya adulto en este momento.

Vestía una túnica sin costuras y sandalias.

Río Jordán

¡Aj! ¿Langostas?
Las langostas también se comen hoy. Se suelen salar y secar, cocinar, triturar o freír en mantequilla. Saben a camarones.

LOS TRES MIEMBROS DE LA TRINIDAD ESTABAN PRESENTES...

El Padre　　**El Hijo**　　**El Espíritu Santo**

Después de que Jesús fue bautizado, Él (o sus discípulos) comenzaron a bautizar a otros también.

Jesús instruyó a sus discípulos a ir y hacer "discípulos a todas las naciones, bautizándolos en el nombre del **Padre**, del **Hijo**, y del **Espíritu Santo**".

Mateo 28:19

¿POR QUÉ NOS BAUTIZAMOS?

Para seguir el fiel ejemplo de Jesús.

Para declarar públicamente nuestra fe en Jesús.

Para demostrar arrepentimiento (apartarnos del pecado).

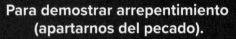

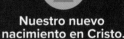

Nuestra muerte al pecado.　　**Nuestro nuevo nacimiento en Cristo.**

¡Guau! El bautismo de Jesús en el río Jordán marcó el inicio de su ministerio, así como los israelitas que, al cruzar el mismo río, llegaron a la tierra prometida (Josué 3:14-17).

JESÚS ES TENTADO

Luego del bautismo, el Espíritu Santo llevó a Jesús al desierto para **ayunar 40 días** y **ser tentado** (o probado). Satanás trató de tentar a Jesús para destruir el plan de Dios para salvar al mundo. Si Jesús pecaba, no hubiera podido salvarnos de nuestros pecados.

"Si eres Hijo de Dios, di que estas piedras se conviertan en pan".

Mateo 4:3

Satanás quería que Jesús cediera a sus necesidades humanas. Recuerda, Jesús acababa de ayunar 40 días, ¡y tendría HAMBRE!

"... No sólo de pan vivirá el hombre, mas de todo lo que sale de la boca de Jehová".

Deuteronomio 8:3

AYUNAR VS. "COMER RÁPIDO"

ayunar: optar por no comer

La persona común puede sobrevivir 1 o 2 meses sin comida, pero solo 3 días sin agua. (No te preocupes, Jesús bebió agua).

comer rápido: competencias para ver quién come más rápido

En 2019, Leah Shutkever estableció un récord mundial Guinness al comer un burrito en 35,26 segundos.

"Si eres Hijo de Dios, échate abajo".

Mateo 4:5-6

Satanás quería que Jesús **actuara con orgullo** y mostrara que era capaz de dar órdenes a los ángeles.

"No tentaréis a Jehová vuestro Dios".

Deuteronomio 6:16

¿DE QUÉ ALTURA LE PIDIÓ SATANAS QUE SALTARA?

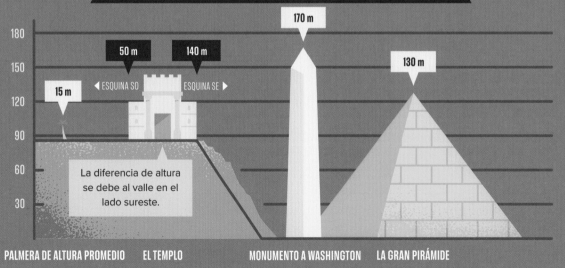

- 15 m
- 50 m ◄ ESQUINA SO
- 140 m ESQUINA SE ►
- 170 m
- 130 m

La diferencia de altura se debe al valle en el lado sureste.

| PALMERA DE ALTURA PROMEDIO | EL TEMPLO | MONUMENTO A WASHINGTON | LA GRAN PIRÁMIDE |

> ## "Todo esto te daré, si postrado me adorares".
>
> **Mateo 4:9**

Satanás quería que Jesús mostrara **un deseo de riqueza y poder** que "sobrepasara" al de Dios (¡imposible!), sin tener que morir en la cruz.

> "A Jehová tu Dios temerás, y a él solo servirás, y por su nombre jurarás".
>
> **Deuteronomio 6:13**

EL SEÑOR

JESÚS OBEDECE A DIOS.

Responde a cada una de las tentaciones de Satanás citando Deuteronomio.
De esa manera, Jesús asocia sus **40 días** de prueba con los **40 años** de los israelitas en el desierto.

EL NÚMERO **40** SE USA CON FRECUENCIA EN LAS ESCRITURAS.

ALGUNOS EJEMPLOS:

40 días...

Días de prueba de Jesús
Mateo 4

Días que Jesús aparece después de resucitar
Hechos 1:3

Diluvio de Noé
Génesis 7:12

Advertencia de Jonás
Jonás 3:4

40 años...

Los israelitas deambulando en el desierto
Deuteronomio 8:2

Exilio de Moisés en Madián
Hechos 7:29-30

Reinado del rey David
2 Samuel 5:4

Reinado del rey Salomón
1 Reyes 11:42

TRES LECCIONES QUE APRENDEMOS:

1 MEMORIZA LAS ESCRITURAS

Jesús usó la Palabra de Dios para resistir la tentación.

2 LEE LA BIBLIA

Satanás citó las Escrituras, pero Jesús conocía el verdadero significado de las palabras.

3 OBEDECE LAS ESCRITURAS

Jesús confiaba en Dios por sobre cualquier otra influencia y así evitó la tentación.

EL CORDERO DE DIOS

¿POR QUÉ CORDERO?

En el Antiguo Testamento, el pueblo sacrificaba animales para el perdón de sus pecados.

> ¿Sacrificio de animales? Me voy de aquí, ¡dile a todos que salí corriendo!

EL CORDERO PASCUAL

A Dios le pesaba ver a su pueblo bajo esclavitud, así que envió diez plagas para liberarlo de los egipcios. La décima plaga mató a todos los hijos primogénitos, pero Dios protegió a los que sacrificaron un cordero (el cordero pascual) y tiñeron con su sangre los postes de las puertas de sus casas.

CELEBRACIÓN DE LA PASCUA

Cada año los judíos celebran su liberación en la fiesta de la Pascua.

MATZÁ

Pan elaborado sin levadura.

La *matzá* se parte en dos como símbolo de la prisa por salir de Egipto antes que la masa leudara.

Mitad de la *matzá* se envuelve en un paño y se esconde, llamada "afikomán" o "el que viene".

CORDERO DE PASCUA

Un cordero (sin defecto), asado y servido con hierbas amargas (*maror*) y una mezcla de manzanas dulces (*jaroset*).

Las hierbas amargas simbolizan la amargura de la esclavitud del pueblo y la mezcla de manzanas dulces representa la dulce promesa de la redención de Dios.

1. LA COPA DE SALVACIÓN

Simboliza que Dios sacó a Israel de la esclavitud y apartó a su pueblo.

2. LA COPA DE JUICIO

Un recordatorio de que NO HAY NADA PEOR que las plagas y que Dios camina con su pueblo en los tiempos difíciles.

3. LA COPA DE REDENCIÓN

Recordatorio de que el pueblo fue redimido de la esclavitud.

4. LA COPA DE ALABANZA

Recordatorio de que Dios bendice.

JESÚS ES EL CORDERO DE DIOS

Simboliza nuestra alabanza cuando estemos con Jesús en el paraíso.

Simboliza su sangre derramada en la cruz.
Lucas 22:20

Esta copa es la sangre del Nuevo Pacto (ver p. 11).

Simboliza la libertad que tenemos en Jesús, el Mesías.

Simboliza el sacrificio perfecto de Cristo por los pecados del mundo.

Jesús no tenía defectos.

A Jesús se le dio vino con vinagre en la cruz.

Simboliza el cuerpo de Cristo molido en la cruz.
Lucas 22:19

Jesús fue envuelto en paños y escondido en un sepulcro.

¡Jesús es "el que viene"!

Simboliza que somos el pueblo escogido de Dios.

He aquí el Cordero de Dios, que quita el pecado del mundo.
Juan 1:29

EL CORDERO REINA

En Apocalipsis 5:1-12, Juan ve el cielo...

El cielo estalla en cánticos: "¡El Cordero que fue inmolado es digno de tomar el poder, las riquezas, la sabiduría, la fortaleza, la honra, la gloria y la alabanza!".

El manso Cordero de Dios pudo abrir el rollo.

Juan, esperando ver un león fuerte y poderoso, en cambio, ve un Cordero inmolado.

El rollo contiene toda la verdad sobre el Mesías y el reino venidero, pero Juan escucha que nadie puede abrirlo excepto el León de la tribu de Judá.
Génesis 49:8-10

¡Los israelitas esperaban que el Mesías fuera un rey poderoso, que apareciera montado en un caballo! En cambio, era un hombre humilde que entró a Jerusalén sobre... un burro.

¡Hey! Regresé. ¡Recuerda que David descendía del linaje real de Judá!

Jesús merece toda la alabanza y la gloria por ser el sacrificio definitivo, el Cordero humilde, que quitó los pecados del mundo para que podamos ser perdonados.

MILAGROS ASOMBROSOS

Jesús realizó milagros asombrosos durante su vida,
y solo una fracción de ellos se incluyen en la Biblia (Juan 21:25).
Estos actos sobrenaturales de amor y poder revelaban profundas verdades sobre Jesús.

LOS MILAGROS DE JESÚS...

Validan las afirmaciones de Jesús sobre sí mismo y sus enseñanzas.

Nos recuerdan el poder y la autoridad de Jesús sobre el mal.

Muestran el amor y compasión inagotables de Jesús por nosotros.

Nos dan esperanza cuando oramos o necesitamos un milagro.

Reflejan la estrecha relación que Jesús desea con nosotros.

JESÚS SANABA

Jesús sanó a muchas personas. ¡Sanó a personas de enfermedades, parálisis, ceguera, sordera y mucho más!

¡Efata!
(¡Ábrete!)

Un sordomudo • Marcos 7:31-37

En Decápolis, le trajeron un sordomudo. Jesús tocó los oídos del hombre y escupió saliva en su lengua, con eso ¡se le abrieron los oídos y se le destrabó la lengua y empezó a hablar bien!

¡Jesús sanaba la sordera por completo, pero hace tiempo que se trata de ayudar a las personas con problemas de audición! El primer intento de usar electricidad para ayudar con la sordera fue en 1790 ¡y el primer audífono eléctrico se inventó en 1892!

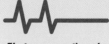

El siervo moribundo de un centurión
Mateo 8:5-13

Una mujer con flujo de sangre
Mateo 9:18-26

JESÚS MOSTRÓ SU PODER SOBRE LA NATURALEZA

Jesús no estaba presumiendo; solo ayudaba a la gente a creer que Él era el Hijo de Dios.

¡Cálmense! Soy yo. ¡No tengan miedo!

Camina sobre el agua • Mateo 14:22-33

Jesús mandó a sus discípulos a entrar a una barca y adelantarse. Esa noche, Jesús había subido al monte a orar y ya la barca estaba bastante lejos, azotada por olas y fuertes vientos. Poco antes del amanecer, Jesús se acercó a ellos caminando sobre el agua.

Pedro dudó al principio que fuera Jesús, pero le dijo que, si era Él, mandara que fuera a Él caminando sobre el agua. Pedro lo intentó y se asustó. Jesús lo sostuvo y dijo: "¡Hombre de poca fe! ¿Por qué dudaste?". Subieron a la barca y el viento se calmó.

¡NO INTENTES ESTO EN CASA! En un lago, río o cualquier cuerpo de agua, en serio.

No por agitar las aguas, pero ¡nadie puede caminar sobre el agua excepto Jesús! O quizá podrías tener un encuentro personal y milagroso como el de Pedro.

¡La mayoría de nosotros tendríamos que correr a unos 105 km/h solo para siquiera intentarlo!

Calma una tormenta
Lucas 8:22-25

Seca una higuera
Mateo 21:18-22

JESÚS ECHÓ FUERA ESPÍRITUS MALIGNOS

Jesús demostró que tenía plena autoridad sobre el mal al echar fuera muchos demonios.

> Si yo por el Espíritu de Dios echo fuera los demonios, ciertamente ha llegado a ustedes el reino de Dios.

Beelzebú • Mateo 12:22-28

Llevaron a Jesús un endemoniado ciego y mudo. ¡Jesús lo sanó de modo que pudo ver y hablar otra vez!

Los Evangelios sinópticos contienen más de 60 historias y referencias a posesión demoníaca y exorcismos. El primer milagro registrado en Marcos (1:21-27) es el exorcismo en la sinagoga. De hecho, en la primera mitad del Evangelio de Marcos ¡los únicos que conocen la identidad de Jesús en la tierra son los demonios!

En una sinagoga
Marcos 1:21-27

Cerca de los sepulcros
Mateo 8:28-34

JESÚS SUPLÍA LAS NECESIDADES DE LA GENTE

Jesús suplía las necesidades de manera asombrosa. Convirtió el agua en vino, alimentó a miles de personas y proveyó grandes pescas.

> Llenen estas tinajas de agua... Saquen ahora un poco y llévenlo al maestresala.

Transforma el agua en vino • Juan 2:1-11

Habían invitado a Jesús y sus discípulos a una boda en Caná de Galilea. La madre de Jesús le avisó que se habían quedado sin vino en la boda. Entonces transformó en vino el agua de seis tinajas de piedra, del tipo que usaban los judíos para el lavado ceremonial.

¡Las tinajas de agua pueden contener de 70 a 115 litros cada una!

Serían unas **3450** CAJITAS DE JUGO (200 ml c/u) =

Alimenta a cinco mil
Lucas 9:10-17

Provee una gran pesca
Lucas 5:1-11

JESÚS MOSTRÓ SU PODER SOBRE LA MUERTE

Al resucitar a otros y Él mismo, Jesús confirmó que Él es Dios. ¡Solo Él pudo vencer a la misma muerte!

> Yo soy la resurrección y la vida.

Resucitó a Lázaro • Juan 11:1-44

Lázaro, amigo de Jesús, estaba enfermo. Después de asegurar a las hermanas que la enfermedad de Lázaro no era para muerte, Jesús se enteró de que Lázaro estaba en la tumba hacía cuatro días. Entonces consoló a las hermanas y les aseguró que Lázaro resucitaría. Fueron a la tumba, y Jesús llamó a Lázaro a salir, ¡y Lázaro salió vivo!

La Biblia relata varias resurrecciones: tres personas en el Antiguo Testamento y cinco en el Nuevo Testamento. También se menciona un número indeterminado de personas después de la muerte de Jesús (Mateo 27:50-53). En todos los casos, cada persona resucitó, pero después volvió a morir... ¡excepto Jesús!

Jesús resucita
Lucas 24:6-7
(Ver p. 49)

Jesús resucita al hijo de la viuda
Lucas 7:11-18

EL SERMÓN DEL MONTE

Mateo 5–7 registra una enseñanza épica de Jesús
llamada el Sermón del Monte (porque Jesús habló desde un monte).

Las BIENAVENTURANZAS

Mateo 5:3-12

Jesús hace una descripción general de la vida en el reino de Dios.

BIENAVENTURADOS...	PORQUE...
Los pobres en espíritu	de ellos es el reino de los cielos
Los mansos	recibirán la tierra por heredad
Los misericordiosos	alcanzarán misericordia
Los pacificadores	serán llamados hijos de Dios
Cuando recibes insultos por causa de Jesús	tu galardón es grande en los cielos

BIENAVENTURADOS...	PORQUE...
Los que lloran	recibirán consolación
Los que tienen hambre y sed de justicia	serán saciados
Los de limpio corazón	verán a Dios
Los que padecen persecución	de ellos es el reino de los cielos

EXPECTATIVAS de los MANDAMIENTOS

A Dios le importa tanto nuestro corazón como nuestras acciones.   Mateo 5:21-47

No matarás.

No te enojes.

No rompas tu juramento.

No juren en ninguna manera.

Ojo por ojo, diente por diente.

Pon la otra mejilla.

Ama a tu prójimo.

Ama a tu enemigo.

Enojarse o llamar a alguien idiota es **tan malo como** un asesinato.

No hagamos promesas que quizás **no podamos cumplir.**

Nunca busquemos venganza, aunque pensemos que la otra persona lo merece.

Debemos amar a los amigos **y también** a los enemigos.

FALSA ESPIRITUALIDAD

Mateo 6:1-18

Ten cuidado de presumir cuán espiritual eres.

✖ Jactarte de ser generoso.

✔ Dar en secreto.

✖ Mostrar lo bien que oras.

✔ Orar en secreto.

✖ Jactarte de lo mal que te sientes cuando ayunas.

✔ Ayunar en secreto.

EL PADRENUESTO

Mateo 6:9-13

Jesús nos da una oración de ejemplo, a la que llamamos Padrenuestro.

Padre nuestro que estás en los cielos,

→ Podemos orar con confianza, porque sabemos que **Dios es un Padre amoroso** que quiere ayudarnos.

santificado sea tu nombre,

→ "Santificado" significa **"apartado".** Recordamos que Dios no es como cualquiera. Está por sobre toda la creación.

Venga tu reino. Hágase tu voluntad, como en el cielo, así también en la tierra.

→ Orar no es intentar que Dios haga lo que nosotros queremos, sino **querer hacer lo que Él quiere.**

El pan nuestro de cada día, dánoslo hoy.

→ Dios quiere que le pidamos ayuda con nuestros **problemas cotidianos.**

Y perdónanos nuestras deudas, como también nosotros perdonamos a nuestros deudores.

→ Necesitamos confesar nuestros pecados a Dios y **pedir perdón**, y recordar perdonar a otros también.

Y no nos metas en tentación, mas líbranos del mal.

→ Necesitamos pedir a Dios que **nos ayude a no pecar** y nos proteja de Satanás.

NO SE TRATA DE DINERO

Mateo 6:19-34

Si somos espirituales, ¿Dios nos hará ricos? No funciona así.

No busquemos tesoros en la tierra, sino en el cielo.

No puedes amar a Dios y a las riquezas.

No nos preocupemos por el dinero, porque Dios cuidará de nosotros.

Busca primero el reino de los cielos, y Dios suplirá tus necesidades.

NO JUZGAR

Mateo 7:1-12

Señalar los errores de los demás rara vez ayuda.

Tal como juzguemos a otros se nos juzgará.

Tratemos a los demás como nos gustaría que nos traten.

 En vez de preocuparnos por **la paja** en el ojo ajeno, deberíamos sacar **la viga** de nuestro propio ojo.

Esta es **"la regla de oro"** (aunque Jesús no usa ese término) porque es una manera fácil e importante de recordar cómo tratar a los demás.

LAS PARÁBOLAS

Parábola: una historia breve que enseña una lección importante.

Las **PARÁBOLAS** son como pasteles. Tienen varias (y deliciosas) capas.

HISTORIA

SIGNIFICADO

APLICACIÓN

¿POR QUÉ JESÚS ENSEÑABA CON PARÁBOLAS? MATEO 13:10-17

PARA OCULTAR LA VERDAD...
de quienes pensaban ser demasiado inteligentes para aprender de Jesús.

PARA ENSEÑAR LA VERDAD...
a quienes querían aprender de Jesús.

EDIFICADOR PRUDENTE E INSENSATO
Mateo 7:24-27; Lucas 6:47-49

El **prudente** edifica su **casa sobre la roca,** y esta se mantiene firme en la inundación.

El **insensato** edifica su **casa sobre la arena,** y esta se derrumba en la inundación.

CASA SOBRE LA ROCA
La persona que escucha las palabras de Jesús y las **OBEDECE**.

TORMENTA
Juicio.

CASA SOBRE LA ARENA
La persona que escucha las palabras de Jesús y **NO** las **OBEDECE**.

La **arena** de la orilla del mar de Galilea se endurecía cuando estaba seca y daba la impresión de ser sólida y fuerte; pero las tormentas de lluvia mostraban que la arena era una superficie poco confiable.

Así que los edificadores **prudentes** cavaban muy por debajo de la superficie de la arena para encontrar un lecho rocoso y usarlo como fundamento.

3 m

CUANDO ESCUCHAMOS Y OBEDECEMOS LAS PALABRAS DE JESÚS, PODEMOS RESISTIR CUALQUIER TORMENTA EN NUESTRA VIDA.

SEMILLA DE MOSTAZA
Mateo 13:31-32; Marcos 4:30-32; Lucas 13:18-19

Una **semilla de mostaza** es muy pequeñita, pero después de plantarla crece muy rápido.

SEMILLA DE MOSTAZA
El Reino de Dios.

La semilla de mostaza era la semilla más pequeña cultivada en el antiguo Israel.

semilla de mostaza
semilla de manzana
semilla de orquídea

El **Reino de Dios** comenzaría siendo muy pequeño, pero crecería más rápido de lo que nadie podría imaginar.

Jesús prometió: "Edificaré mi iglesia".
Mateo 16:18

En solo unos meses, una planta de mostaza puede crecer más de 3 m de altura. ¡Imagínate si tú crecieras tan rápido!

NO IMPORTA LO QUE SUCEDA, SABEMOS QUE EL EVANGELIO SEGUIRÁ CAMBIANDO VIDAS.

¿CUÁNTAS PARÁBOLAS HAY EN LOS EVANGELIOS?

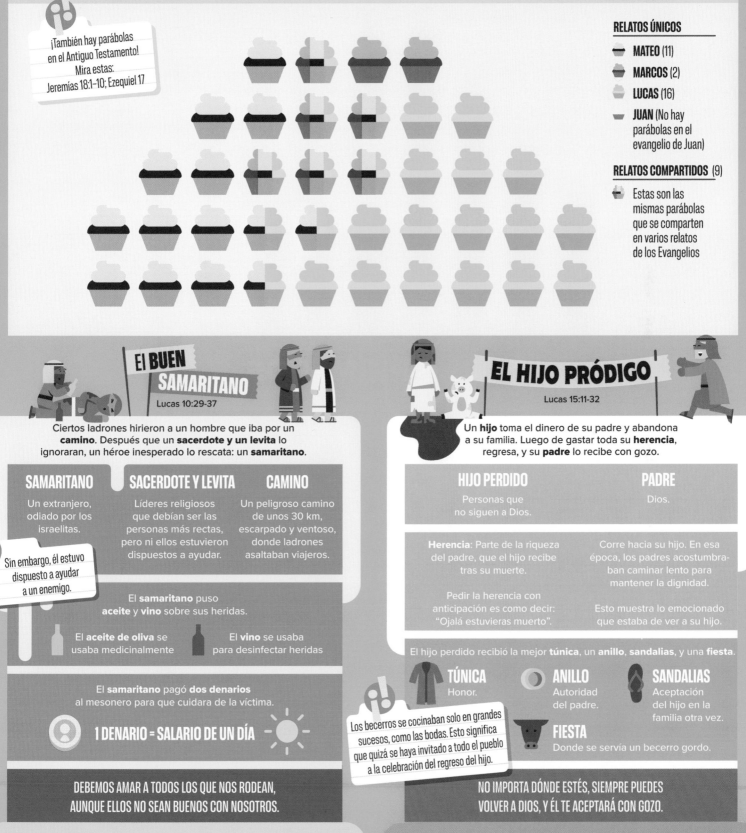

¡También hay parábolas en el Antiguo Testamento! Mira estas: Jeremías 18:1-10; Ezequiel 17

RELATOS ÚNICOS

- **MATEO** (11)
- **MARCOS** (2)
- **LUCAS** (16)
- **JUAN** (No hay parábolas en el evangelio de Juan)

RELATOS COMPARTIDOS (9)

Estas son las mismas parábolas que se comparten en varios relatos de los Evangelios

El BUEN SAMARITANO
Lucas 10:29-37

Ciertos ladrones hirieron a un hombre que iba por un **camino**. Después que un **sacerdote y un levita** lo ignoraran, un héroe inesperado lo rescata: un **samaritano**.

SAMARITANO	SACERDOTE Y LEVITA	CAMINO
Un extranjero, odiado por los israelitas.	Líderes religiosos que debían ser las personas más rectas, pero ni ellos estuvieron dispuestos a ayudar.	Un peligroso camino de unos 30 km, escarpado y ventoso, donde ladrones asaltaban viajeros.

Sin embargo, él estuvo dispuesto a ayudar a un enemigo.

El **samaritano** puso **aceite** y **vino** sobre sus heridas.

El **aceite de oliva** se usaba medicinalmente

El **vino** se usaba para desinfectar heridas

El **samaritano** pagó **dos denarios** al mesonero para que cuidara de la víctima.

1 DENARIO = SALARIO DE UN DÍA

DEBEMOS AMAR A TODOS LOS QUE NOS RODEAN, AUNQUE ELLOS NO SEAN BUENOS CON NOSOTROS.

EL HIJO PRÓDIGO
Lucas 15:11-32

Un **hijo** toma el dinero de su padre y abandona a su familia. Luego de gastar toda su **herencia**, regresa, y su **padre** lo recibe con gozo.

HIJO PERDIDO	PADRE
Personas que no siguen a Dios.	Dios.
Herencia: Parte de la riqueza del padre, que el hijo recibe tras su muerte.	Corre hacia su hijo. En esa época, los padres acostumbraban caminar lento para mantener la dignidad.
Pedir la herencia con anticipación es como decir: "Ojalá estuvieras muerto".	Esto muestra lo emocionado que estaba de ver a su hijo.

El hijo perdido recibió la mejor **túnica**, un **anillo**, **sandalias**, y una **fiesta**.

TÚNICA Honor.

ANILLO Autoridad del padre.

SANDALIAS Aceptación del hijo en la familia otra vez.

FIESTA Donde se servía un becerro gordo.

Los becerros se cocinaban solo en grandes sucesos, como las bodas. Esto significa que quizá se haya invitado a todo el pueblo a la celebración del regreso del hijo.

NO IMPORTA DÓNDE ESTÉS, SIEMPRE PUEDES VOLVER A DIOS, Y ÉL TE ACEPTARÁ CON GOZO.

DISCÍPULOS POR DOCENA

Los doce **discípulos** (también llamados **apóstoles**), o **"LOS DOCE"** (¡no es mal nombre para un grupo de superhéroes!), eran los seguidores y líderes más cercanos de Jesús al iniciar el movimiento que se convirtió en el cristianismo.

¿POR QUÉ JESUS ELIGIÓ DISCÍPULOS?

"Para que estuviesen con él, y para enviarlos a predicar, y que tuviesen autoridad para sanar enfermedades y para echar fuera demonios".

Marcos 3:14-15

CÓMO RECLUTAR UN DISCÍPULO

FASE 1: UN LLAMADO A SEGUIRLO

Mateo 4:19; Lucas 5:11; Juan 1:35-51

FASE 2: UN LLAMADO A APRENDER

Lucas 11:1-11

FASE 3: UN LLAMADO AL MINISTERIO

Mateo 10:1-4; Lucas 6:12-16

LOS 6 PRIMEROS

PEDRO

Hijo de Jonás.

Cefas · Simón · Pedro

No el Jonás que fue tragado por un gran pez.

JACOBO

Hijo de Zebedeo.

Uno de los **hijos del trueno.**

Jacobo el Mayor · Santiago

JUAN

Hermano de Jacobo.

Uno de los **hijos del trueno.**

El "círculo íntimo" de los discípulos.

Estos tres fueron testigos de milagros y momentos que otros apóstoles no presenciaron:

JESÚS RESUCITA A LA HIJA DE JAIRO

LA TRANSFIGURACIÓN DE JESÚS

LA VIGILIA DE JESÚS EN GETSEMANÍ

ANDRÉS

Hermano de Pedro.

El primer discípulo que Jesús llamó en el Evangelio de Juan.

FELIPE

El apóstol.

Mencionado 8 veces en el Nuevo Testamento. La iglesia primitiva a menudo confundía a Felipe el apóstol y Felipe el evangelista. Se trata de personas totalmente distintas.

BARTOLOMÉ

Asociado con Felipe.

Podría ser la misma persona que Natanael en Juan 1:43-51.

EL RECAUDADOR DE IMPUESTOS

MATEO

Jesús lo llamó en algún momento después de los primeros seis discípulos.

Era recaudador de impuestos.

Mateo / Leví

Chicos: los recaudadores de impuestos no eran muy buenos.

Cobraban de más para enriquecerse. Mateo invitó a otros recaudadores y maleantes a cenar con Jesús, quizás porque eran los únicos amigos que tenía.

¡A pescar!

Muchos de los discípulos, incluso Pedro, eran pescadores.

Peces...

El *"musht"* ("peine" en árabe), un tipo de tilapia de unos 40 centímetros de largo y alrededor de 1,3 kg de peso, era parte importante de la economía de la Galilea del siglo I.

Hombres...

Cuando Jesús llamó a Pedro, Andrés, Santiago y Juan, estaban pescando con redes (Mateo 4:18-22).

¿Qué importancia tiene el nombre?

En la época del Nuevo Testamento, muchas personas tenían un nombre judío (hebreo) y un nombre griego.

¡Como **Simón Pedro**!

Pedro / Cefas / Simón

LOS DEMÁS...

TOMÁS

Famoso por dudar.

Sin duda: no se le dio un nombre real en los manuscritos de la Biblia. "Tomás" proviene de la palabra aramea *tĕ'omâ*, que significa "gemelo". La mayoría de los manuscritos incluyen la descripción "llamado Dídimo" o "llamado el Gemelo".

SIMÓN

El zelote.

Los zelotes eran extremistas judíos que querían derrocar a Roma.

JUDAS

Hermano de Jacobo.

Judas / Tadeo

JACOBO

Hijo de Alfeo.

JUDAS ISCARIOTE

Administraba el dinero del grupo. Conocido por la infamia de traicionar a Jesús por 30 piezas de plata. Cero digno de confianza (Juan 12:4-6).

El chico nuevo

MATÍAS

Sumado a los 11 apóstoles después de la muerte de Judas. Y eso es lo único que sabemos.

DISCÍPULOS QUE FALLARON: DUDAS, NEGACIONES Y... ¡¿QUÉ MÁS?!

Los Evangelios muestran que los discípulos eran realmente humanos, a veces lentos para aprender y faltos de comprensión espiritual. Lucas 24:25

PEDRO

Dudó y comenzó a hundirse cuando caminaba sobre el agua hacia Jesús.

Reprendió a Jesús cuando habló de su inminente muerte.

Negó a Jesús.

JACOBO Y JUAN

Preguntaron a Jesús si podían pedir fuego del cielo para destruir una aldea samaritana (¡Uf!). Lucas 9:54

Querían sentarse a la izquierda y derecha de Jesús en su reino.

TOMÁS

Dudó de los reportes sobre la resurrección de Jesús.

JUDAS ISCARIOTE

Robó dinero donado al ministerio de Jesús.

Traicionó a Jesús.

ADVERSARIOS DE JESÚS

Jesús tuvo muchos seguidores y personas que lo amaban, pero muchos intentaron detenerlo a Él y a su ministerio. Algunos de sus adversarios estaban cerca de Él; algunos eran personas religiosas, otros eran del gobierno, e incluso algunos eran enemigos cósmicos.

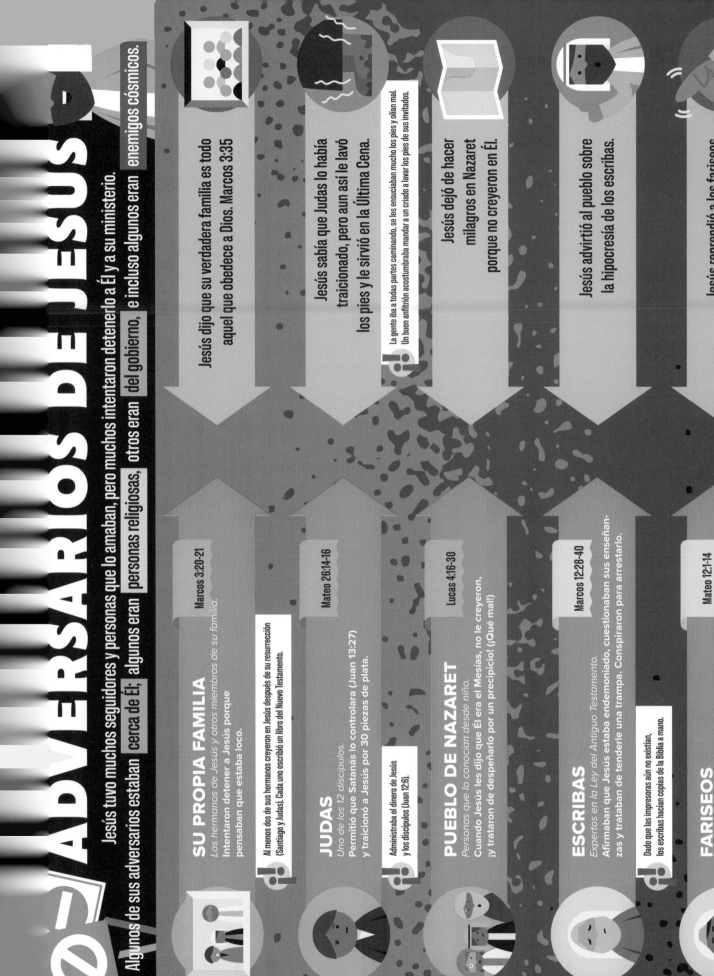

SU PROPIA FAMILIA
Marcos 3:20-21

Los hermanos de Jesús y otros miembros de su familia.
Intentaron detener a Jesús porque pensaban que estaba loco.

Jesús dijo que su verdadera familia es todo aquel que obedece a Dios. Marcos 3:35

Al menos dos de sus hermanos creyeron en Jesús después de su resurrección (Santiago y Judas). Cada uno escribió un libro del Nuevo Testamento.

JUDAS
Mateo 26:14-16

Uno de los 12 discípulos.
Permitió que Satanás lo controlara (Juan 13:27) y traicionó a Jesús por 30 piezas de plata.

Jesús sabía que Judas lo había traicionado, pero aun así le lavó los pies y le sirvió en la Última Cena.

La gente iba a todas partes caminando, se les ensuciaban mucho los pies y olían mal. Un buen anfitrión acostumbraba mandar a un criado a lavar los pies de sus invitados.

Administraba el dinero de Jesús y los discípulos (Juan 12:6).

PUEBLO DE NAZARET
Lucas 4:16-30

Personas que lo conocían desde niño.
Cuando Jesús les dijo que Él era el Mesías, no le creyeron, ¡y trataron de despeñarlo por un precipicio! (¡Qué mal!)

Jesús dejó de hacer milagros en Nazaret porque no creyeron en Él.

ESCRIBAS
Marcos 12:28-40

Expertos en la Ley del Antiguo Testamento.
Afirmaban que Jesús estaba endemoniado, cuestionaban sus enseñanzas y trataban de tenderle una trampa. Conspiraron para arrestarlo.

Jesús advirtió al pueblo sobre la hipocresía de los escribas.

Dado que las impresoras aún no existían, los escribas hacían copias de la Biblia a mano.

FARISEOS
Mateo 12:1-14

Maestros de la Ley del Antiguo Testamento.
Constantemente criticaban a Jesús y sus discípulos por no obedecer la ley, según su interpretación, especialmente en lo referido al día de reposo.

Jesús reprendió a los fariseos por su hipocresía.

Hipócrita: aquel que finge ser una persona, pero es otra muy distinta.

El apóstol Pablo era fariseo antes de convertirse.

SADUCEOS
Clase gobernante de Judea en la época de Jesús. Le tendían trampas a Jesús mediante preguntas. Conspiraron para que arrestaran y mataran a Jesús.

No creían en la resurrección. Creían que solo los libros de Génesis a Deuteronomio (la Ley) debían incluirse en la Biblia.

Lucas 20:27-40

Jesús notaba sus artimañas y respondía a sus preguntas utilizando Escrituras de la Ley.

REY HERODES EL GRANDE
Rey de Judea cuando Jesús nació. Al enterarse de que había nacido un rey en Belén, mandó matar a todos los bebés varones de ese lugar.

Mateo 2:1-18

Los padres de Jesús, José y María, huyeron a Egipto para escapar de Herodes. Se quedaron allí hasta después de su muerte.

REY HERODES ANTIPAS
Rey de Galilea cuando Jesús era adulto. Quería que Jesús hiciera un milagro durante su juicio. Se burló de Jesús y lo envió otra vez a Pilato.

Hijo de Herodes el Grande.

Lucas 23:6-12

Jesús guardó silencio ante Herodes.

PILATO
Gobernador de Judea cuando Jesús era adulto. Después que los judíos entregaron a Jesús a los romanos, supervisó su juicio y lo sentenció a la crucifixión.

Juan 19:1-16

Mi reino está en el cielo.

Jesús dijo a Pilato que Él no representaba una amenaza para el gobierno romano, porque su reino era un reino celestial, no terrenal.

DEMONIOS
Ángeles caídos que siguieron a Satanás cuando se rebeló contra Dios. Vivían en el cuerpo de las personas para atormentarlas. Al encontrarse con Jesús, lo reconocieron como el Hijo de Dios y se aterrorizaron.

Lucas 8:26-39

Jesús echó fuera demonios de las personas.

SATANÁS
Un ángel caído que se rebeló contra Dios. Después que Jesús ayunó 40 días en el desierto, Satanás lo tentó a pecar al ofrecerle todos los reinos del mundo si se postraba y lo adoraba.

Mateo 4:1-11

Jesús resistió la tentación de Satanás y no pecó.

PECADO

JESÚS AMA A

Jesús amaba a todos y se desvivía por cuidar de aquellos que **la sociedad consideraba poco importantes**.

A los **NIÑOS**, en esa época, se les veía como **una molestia** (¡qué mal!), pero Jesús los honraba. Quería que los niños estuvieran con Él y los señaló como ejemplos de fe y humildad.

Juan 6:9 menciona al niño que tenía cinco panes y dos peces (¡qué rico!).

Jesús alimentó a 5000 hombres con la comida de **un niño**.
Marcos 6:30-44

No te preocupes, el niño también comió.

Desesperada, **una mujer** extendió la mano y tocó el manto de Jesús, quien elogió su gran fe y la sanó.
Lucas 8:42-48

Jesús sanó al **hijo de un noble**.
Juan 4:46-54

Jesús sanó a **un muchacho** lunático atormentado por un demonio.
Mateo 17:14-20

Jesús resucitó a **una niña**.
Mateo 9:23-26

Jesús sanó a **una niña** atormentada por un demonio.
Mateo 15:21-28

LOS MARGINADOS

A las **MUJERES**, en esa época, se les considera inferiores a los hombres (¡no podían estar más equivocados!), pero Jesús hizo todo lo posible para mostrar lo valiosas que son. Las mujeres desempeñaban un importante papel en el ministerio de Jesús.

La mayoría de los judíos no comían con los **GENTILES** (personas no judías) ni iban a sus casas, pero Jesús era amigo de los gentiles y los amaba tanto que murió en la cruz para salvarlos.

> ❗ El nombre Magdalena señalaba la aldea a la que pertenecía (Magdala, en la región de Galilea). No era su apellido.

> ❗ Un centurión era el líder romano de 100 soldados.

Jesús elogió a una **mujer cananea** por su gran fe y sanó a su hija.
Mateo 15:28

Jesús fue obediente a **su madre** mientras crecía (Lucas 2:51), y más tarde, incluso desde la cruz, encargó a Juan que la cuidara (Juan 19:25-27).

Jesús expulsó 7 demonios de **María Magdalena** (Lucas 8:2) quien, junto a otras mujeres, posteriormente presenció su crucifixión (Mateo 27:55-56). María vio la tumba vacía, y Jesús se apareció a ella primero después de su resurrección y la envió a contar a sus discípulos que había resucitado (Juan 20:1-18).

Jesús habló con una **mujer samaritana** a pesar de que los hombres no acostumbraban hablar con mujeres que no conocían. Esta mujer corrió la voz sobre Jesús.
Juan 4:1-39

Jesús sanó al criado de un **centurión romano** y elogió su fe.
Mateo 8:5-13

UN VISTAZO A LA SEMANA SANTA

Cómo pasó Jesús sus últimos días en la tierra.

DOMINGO de Ramos	LUNES	MARTES Ajetreado	MIÉRCOLES
Juan 12:12-19	Marcos 11:12-18	Mateo 21:23–25:46; Marcos 11:20-25	Lucas 22:1-6

JESÚS HACE UNA ENTRADA TRIUNFAL EN UN ASNO

Sabías que:

Aunque los asnos no son tan rápidos como los caballos, pueden llevar el doble de su peso corporal.

Sus grandes orejas les ayudan a mantenerse frescos.

Los asnos pueden vivir más de 50 años.

Si un asno y una cebra tienen una cría, se llama cebrasno.

La gente agitaba ramas de palmera en alabanza.

Las palmas tenían un significado especial para el pueblo judío. Se utilizaban como parte de la Fiesta de los Tabernáculos (ver p. 22) como símbolo de liberación.

JESÚS MALDICE UNA HIGUERA SIN FRUTO

La higuera era un símbolo de Israel.

La falta de fruto espiritual de la nación (como el arrepentimiento) decepcionó a Jesús.

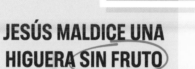

higuera sin fruto = **pueblo judío** sin fruto

JESÚS PURIFICA EL TEMPLO

El templo debía ser una casa de oración y adoración.

Los cambistas se estaban aprovechando de todos los asistentes a la Pascua. Peor aún, se instalaron en el patio de los gentiles y los privaron del único sector donde los gentiles podían orar y adorar a Dios.

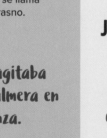

Edificio del templo

Patio de los gentiles

JESÚS VISITA LA HIGUERA SECA

La higuera es el tercer árbol mencionado en la Biblia.

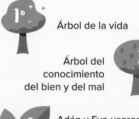

1° Árbol de la vida

2° Árbol del conocimiento del bien y del mal

3° Adán y Eva usaron hojas de higuera para coserse ropa.

JESÚS ENSEÑA ALGUNAS PARÁBOLAS

¡Revisa las páginas 38-39!

JESÚS DEBATE Y DENUNCIA A ESCRIBAS Y FARISEOS

Denunciar: una palabra fuerte para expresar desaprobación públicamente.

JESÚS ENSEÑA SOBRE LOS ÚLTIMOS DÍAS

¡Revisa las páginas 54-55!

LOS SUMOS SACERDOTES CONSPIRAN CONTRA JESÚS

¿Sabías que la política existía incluso en la época de Jesús?

El pueblo judío quería un rey, pero los líderes judíos no querían que ese rey fuera Jesús. Mataron a Jesús para mantener su poder político.

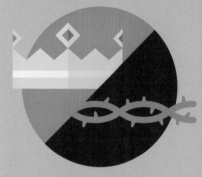

JUDAS ACEPTA TRAICIONAR A JESÚS POR 30 PIEZAS DE PLATA

¿Cuál era el valor de 30 piezas de plata?

No sabemos exactamente lo que equivaldría hoy, pero sabemos que era suficiente dinero para comprar un campo.

Mateo 27:3-10

¿Por qué llamar "santo" a este día triste?

En última instancia, lo que sucedió fue para nuestro bien, para que pudiéramos recibir el perdón de nuestros pecados.

JUEVES
Mateo 26:17-75; Juan 13–17

VIERNES Santo

Lucas 23

SÁBADO de silencio
Mateo 27:62-66

DOMINGO de Pascua

Mateo 28:1-15; Lucas 24

JUEVES

JESÚS LAVA LOS PIES DE LOS DISCÍPULOS

Por tradición, los anfitriones considerados mandaban a los criados a lavar los pies malolientes de los invitados. En lugar de un criado, fue Jesús quien lavó los pies de los discípulos para mostrar que estamos llamados a amarnos unos a otros.

JESÚS Y LOS DISCÍPULOS EN LA ÚLTIMA CENA

La Última Cena, también conocida como...

Cena del Señor • Santa Cena • Comunión • Copa de Bendición • Partimiento del pan • Eucaristía

"acción de gracias" en griego

JESÚS ORA EN GETSEMANÍ

JUDAS TRAICIONA A JESÚS

Lo traiciona con un beso. Uf.

EL SANEDRÍN JUZGA A JESÚS

Sanedrín: La Corte Suprema de Israel

PEDRO NIEGA CONOCER A JESÚS

VIERNES

PONCIO PILATO JUZGA A JESÚS

Pilato era el gobernador romano de la región de Israel.

JESÚS ES GOLPEADO Y CRUCIFICADO

9:00 a. m.
Crucificado con delincuentes.
Los soldados se sortearon su ropa.
Gimió de sed.

12:00 p. m.
Tinieblas sobre toda la tierra.
Clamó a Dios:
"¿Por qué me has desamparado?".
Oró a Dios:
"En tus manos encomiendo mi espíritu".

3:00 p. m.
Clamó: "Consumado es".
Inclinó su cabeza.
Entregó su espíritu.

Cuando Jesús murió currieron diversos milagros.

El velo del templo se rasgó.

La tierra tembló y las rocas se partieron.

Las tumbas se abrieron y los muertos resucitaron.

JESÚS ES SEPULTADO

El sepulcro era propiedad de un hombre rico: José de Arimatea.

SÁBADO

SOLDADOS ROMANOS VIGILAN LA TUMBA

¿Por qué vigilar a un muerto?

Jesús predijo que resucitaría. Los líderes religiosos no querían que se robaran su cuerpo e hicieran ver que había sucedido lo que Él predijo.

Sellaron la tumba

Además de los guardias y una piedra sobre la tumba de Jesús, se colocó un sello gubernamental en la piedra (quizás parecido a la arcilla), seguramente impreso con un símbolo imperial romano y atado a la piedra con una cuerda. Cualquiera que pudiera evadir a los guardias se enfrentaría a la ira del gobierno romano.

Mateo 27:66

¡Sellos por *aquí*, sellos por *allá*!

Era el día de reposo

El sábado era un día de reposo y, para los discípulos, también fue un día de espera...

DOMINGO

JESÚS RESUCITA AL TERCER DÍA

¿Pero no pasaron dos días desde su muerte?

"El tercer día" es una forma judía de decir **"pasado mañana"**.

JESÚS SE APARECE A MARÍA MAGDALENA

JESÚS SE APARECE A DOS PERSONAS EN EL CAMINO A EMAÚS

JESÚS SE APARECE A DIEZ DE LOS DISCÍPULOS

¿Pero no eran 12 discípulos?

Judas y Tomás estaban ausentes.

Juan 20:24

LA CRUCIFIXIÓN

CRUCIFIXIÓN:

forma en que los romanos ejecutaban a los **delincuentes** como castigo por su delito.

ladrones
asesinos
insurrectos
rebeldes
terroristas

INVENTADA POR LOS PERSAS

en 300–400 a. C. El Imperio romano la hizo de uso más común.

En el Salmo 22:16-18, el rey David describe una desgarradora ejecución. Profetiza cómo morirá Jesús... **¡1000 años antes que su nacimiento y siglos antes que se inventara la crucifixión romana!**

TIPOS DE CRUCES:

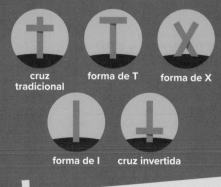

cruz tradicional   **forma de T**   **forma de X**

forma de I   **cruz invertida**

Según la tradición de la Iglesia, al apóstol Pedro lo crucificaron boca abajo, a pedido suyo, porque se sentía indigno de sufrir la misma muerte que Jesús.

CRUCIFIXIÓN DE JESÚS

"Dios mío, Dios mío, ¿por qué me has desamparado?".
Mateo 27:46

Salmos 22:1

"Padre, en tus manos encomiendo mi espíritu".
Lucas 23:46

Salmos 31:5

Esta era una frase judía que se acostumbraba recitar antes de acostarse y **presagiaba la crucifixión de Jesús.**

"Consumado es".
Juan 19:29-30

Esta expresión es la palabra griega *tetelestai*, un término contable que significa **"completamente pagado"**.

Clavaron sus manos y pies en la cruz, y luego levantaron la cruz en posición vertical.

Las personas podían tardar unos días en morir en la cruz.

Era viernes y los judíos querían acelerar la muerte de Jesús porque el día siguiente era día de reposo. **Para ello los soldados romanos le quebrarían las piernas.**

¡NO!

Jesús murió luego de unas 6 horas en la cruz, por eso los soldados romanos no le quebraron las piernas (Juan 19:33).

Salmos 22:14

En cambio, le traspasaron el costado con una lanza para confirmar que había muerto (Juan 19:34-37).

Zacarías 12:10

⭐ = **PROFECÍA CUMPLIDA**

LA RESURRECCIÓN

CUANDO JESÚS MURIÓ, TODOS QUERÍAN CONFIRMAR LO SUCEDIDO.
JESÚS PREDIJO QUE RESUCITARÍA,
QUE ÉL ERA EL MESÍAS.

¿FUE VERDAD?

EVIDENCIA DE LA RESURRECCIÓN DE JESÚS

¿Sepultaron realmente a Jesús en la tumba?

 ¡Sí! **José de Arimatea y Nicodemo lo sepultaron**, dos hombres influyentes y muy respetados que podían dar fe de su sepultura. Habría sido arriesgado para estos hombres defender y proteger a Jesús (debido a su vida social, religiosa y política).

¿Estaba el cuerpo de Jesús en la tumba cuando la sellaron?

 ¡Sí! Una **entrada baja** implica que se inclinaron a propósito para ver que el cuerpo estaba allí (Juan 20:5).

 ¡Sí! Los **guardias romanos** se habrían asegurado de que el cuerpo estuviera allí antes de perder tiempo en vigilar una tumba vacía.

¿Podrían haber confundido el cuerpo de Jesús con el de otro?

 NO. La Biblia señala que era una **tumba *nueva***. No había otros cuerpos allí, solo el de Jesús. No habrían podido confundir su cuerpo con el de otro (Juan 19:41).

¿Era la tumba vacía una tumba diferente a la utilizada para enterrarlo?

 NO. **Las mujeres sabían** qué tumba era. Estuvieron allí para la sepultura y regresaron a la misma tumba el domingo de Pascua.

 NO. Los que vieron primero la tumba vacía, como Pedro, **sabían que estos eran los lienzos de sepultura de Jesús** (Juan 20:5-7).

¿Robaron el cuerpo de Jesús de la tumba?

 NO. Guardias romanos vigilaban la tumba. La puerta/entrada estaba sellada y **solo podían abrirla las autoridades romanas**.

 NO. Cuando encontraron los lienzos de sepultura estaban **intactos**, tal como habían envuelto el cuerpo de Jesús. Ninguna persona podría haberlos tocado (Juan 20:5-7).

¿Jesús se escapó?

 NO. La entrada también era la **única salida** y estaba vigilada por guardias romanos (Mateo 27:60).

 NO. La piedra era tan **grande y pesada** que era imposible moverla desde adentro. La piedra se colocaba en una ranura en donde era fácil hacerla rodar, pero muy difícil removerla.

¿Qué significa su CRUCIFIXIÓN

 ### Predijo su muerte y resurrección.
Mateo 16:21

Este era el plan de Dios incluso antes del nacimiento de Jesús: ¡rescatar al mundo!

Cumplió sus promesas.
Lucas 24:6

Jesús confirmó que lo que dijo acerca de sí mismo ES VERDAD: Él es el Mesías.

SU MUERTE FUE...

 ¡Prepárate para algunas palabras difíciles!

Expiación sustitutiva

Expiación: enmienda de una falta; el precio pagado por un pecado pasado.

 En el Antiguo Testamento, los israelitas sacrificaban animales como pago provisorio (o enmienda) por sus pecados. Tenían que hacer constantemente nuevos sacrificios; pero el sacrificio de Jesús, como el Cordero de Dios, fue perfecto y para siempre.

PECADO = 💀
Como todos hemos pecado, todos estamos condenados a morir.
Romanos 5:12

PECADO ≠ 💀
Jesús tomó nuestros pecados y los puso sobre Él como ropa sucia.
Isaías 53:5-6

¡Por eso ahora no tenemos que morir por nuestros pecados porque Jesús ya murió por ellos!

Pago de rescate por nuestros pecados

Rescate: el pago para liberar a alguien de esclavitud.

Antes de creer en Jesús, éramos esclavos del pecado.
Romanos 6:17-18

PAGADO
Jesús pagó el rescate para liberarnos del pecado.
1 Timoteo 2:5-6

Gracias a que hemos sido liberados de nuestra esclavitud al pecado, ¡ahora somos libres para vivir para Dios!
Romanos 8:1-4

Propiciación

Propiciación: Acción que apacigua la ira de Dios.

 Así como un juez no sería bueno al dejar sin castigo a un delincuente convicto, Dios no sería bueno si pasara por alto los pecados que cometemos los humanos.

Dios es un juez justo y debe castigar el pecado.

Jesús tomó el castigo que merecíamos por nuestros pecados.
1 Pedro 2:24

Debido a que Jesús recibió nuestro castigo, Dios ya no está enojado con nosotros por nuestro pecado.
Romanos 5:9

Nuestra reconciliación con Dios

Reconciliación: Restauración de una relación rota.

 Cuando éramos pecadores, éramos enemigos de Dios en rebeldía contra Él como Rey.

 Jesús hizo la paz entre nosotros y el Padre.
Romanos 5:10-11

 Ahora que Jesús ha apaciguado la ira de Dios, podemos ser amigos de Dios.

Un ejemplo para nosotros

Cuando Jesús murió en la cruz, nos dio el ejemplo de cómo confiar en Dios cuando sufrimos y soportamos persecución.
1 Pedro 2:21-23

 ¡SÍGUEME!

y RESURRECCIÓN para nosotros?

Venció a la muerte una vez y para siempre.
2 Timoteo 1:10

La resurrección de Jesús confirmó su divinidad.

Derrotó a Satanás y posee las llaves de la muerte y el Hades.
Apocalipsis 1:18

Fue el plan definitivo de Dios para vencer al enemigo.

En la Biblia se nos ha prometido que Jesús vencería a Satanás ... y que Satanás sería castigado.

Desde el principio (Génesis 3:14-15), y a lo largo de la Biblia, **la resurrección de Jesús es una promesa de victoria** (Romanos 16:20).

Como el Juez perfecto y exaltado, Jesús castigará a Satanás con

Fuego eterno • Mateo 25:41

Juicio • Juan 16:11

Tormento en el lago de fuego y azufre • Apocalipsis 20:10

JESÚS GARANTIZÓ NUESTRA FUTURA RESURRECCIÓN

Dios no es Dios de muertos, ¡sino de vivos! Mateo 22:32

A través de Jesús, también resucitaremos...
Juan 14:19

... cuando Jesús regrese a la Tierra.
1 Tesalonicenses 4:16-17

Tendremos cuerpos resucitados...
1 Corintios 15:35-50

... ¡que no morirán!
1 Corintios 15:50-54

... ¡no sentirán dolor!
Apocalipsis 21:4

... ¡serán físicos, reales y reconocibles!
Lucas 24:36-43

Y serán como el cuerpo resucitado de Jesús...
1 Corintios 15:49

... para que nosotros también podamos experimentar completa justicia, paz, gozo y satisfacción en el cielo.
Lucas 22:29-30

JESÚS, EL...

♥ SACERDOTE   👑 REY   ☁ PROFETA

En el Antiguo Testamento (AT), Dios usó varios tipos de lideres especiales para interactuar con su pueblo: **sacerdotes**, **profetas** y **reyes**. Jesús, como el elegido para salvar al mundo, fue los tres.

¿Quieres sentirte elegante? Refiérete a ellos como los "oficios" de Cristo e impresiona a tus amigos.

SACERDOTE: Quien actúa como intermediario, representando al pueblo ante Dios.

EL PAPEL DE UN SACERDOTE EN EL **AT**

Presentar sacrificios de animales y encontrarse con Dios en la parte más íntima del templo.

SACERDOTES FAMOSOS DEL **AT**

Aarón   Samuel   Esdras

El sacrificio de animales es algo extraño. Entonces, ¿por qué lo hacían?

Respuesta rápida: Dios les dijo que ofrecieran sacrificios de animales para el perdón de pecados (Levítico 4). Entonces, ¿por qué no hacemos eso hoy?

¡Debido a JESÚS! Profundicemos un poco más en esto...

	SACERDOTES DEL AT	JESÚS
¿Quiénes necesitaban el sacrificio? Hebreos 7:27	Los sacerdotes y el pueblo.	Solo el pueblo, porque Jesús no pecó.
¿Cuándo ocurría el sacrificio? Hebreos 9:25-26	Cada año, el Día de la Expiación.	Una vez y para siempre en la cruz.
¿Qué se sacrificaba? Hebreos 9:12	La sangre de cabras y becerros.	Su propia sangre.
¿Qué tan eficaz era el sacrificio? Hebreos 10:4, 10	La sangre de cabras y becerros. no pueden quitar el pecado.	La sangre de Jesús quita nuestros pecados para siempre.

SIGNIFICADO PARA NOSOTROS

Jesús comprende nuestras debilidades, tentaciones y sufrimiento porque Él también fue humano. **Pero Él no tenía pecado, lo que hace que su sacrificio por nosotros en la cruz sea perfecto para cubrir todos nuestros pecados.** Jesús es claramente el sacerdote que necesitamos para representarnos ante Dios. (Hebreos 4:14-16)

PROFETA: Un profeta habla al pueblo de parte de Dios y lo representa ante ellos.

EL PAPEL DE UN PROFETA EN EL AT

Dios usaba a los profetas para declarar sus mandamientos, advertir al pueblo del pecado y darle dirección.

PROFETAS FAMOSOS DEL AT

Moisés Elías Isaías Jeremías

JESÚS como EL PROFETA SUPREMO

Moisés predice que Dios enviará al profeta supremo.
Deuteronomio 18:15

Pedro proclama que Jesús es quien cumplió la profecía de Moisés.
Hechos 3:23-26

Es el Hijo de Dios, por eso **habla de parte de Dios con toda autoridad.**
Hebreos 1:1-2

Como todo profeta, hablaba la Palabra de Dios. Sin embargo, **a diferencia de otros profetas, ÉL ES la Palabra** [el Verbo].
Juan 1:14

SIGNIFICADO PARA NOSOTROS

¿Alguna vez te has preguntado qué podría hacer o decir Dios sobre algo? ¡Puedes conocer la respuesta! **Mira a Jesús, el profeta supremo.** Nadie conoce al Padre sino el Hijo.
A través de sus palabras y acciones podemos conocer el corazón y la mente de Dios.

REY: Un rey gobierna sobre el pueblo de Dios.

EL PAPEL DE UN REY EN EL AT

Debía ser un gobernante justo que aplicaba la ley de Dios, pero con demasiada frecuencia utilizaba su posición para hacerse rico y poderoso.

REYES FAMOSOS DEL AT

David Salomón Josías

¡Apenas tengo 8 años!

Un descendiente de David que gobernará para siempre. 2 Samuel 7:16

PLAN ORIGINAL
¡DIOS ES REY!
1 Samuel 8:7

PERO...

NUEVO PLAN
... las personas enloquecieron. Necesitan un GOBERNANTE HUMANO **REY HUMANO**
Jueces 21:25

Veamos si estoy a la altura.

ENTONCES...

OTRO PLAN NUEVO Y MEJOR
Dios vuelve como Rey por medio de Jesús.
Mateo 22:42-44

Jesús es coronado Rey después de ascender al cielo.
Hechos 2:32-35

SIGNIFICADO PARA NOSOTROS

Si Jesús es nuestro Rey, entonces debemos obedecerlo.
Sabemos que nos gobernará con justicia y rectitud.

¡Este plan es lo máximo!

EL RETORNO

LA PRIMERA VENIDA
A LA TIERRA
Gálatas 4:4-5

ASCENSIÓN
REGRESO AL CIELO
Hechos 1:4-11

LA ENCARNACIÓN

Dios toma forma de hombre.

Y el **Verbo** se hizo hombre y habitó entre nosotros.

Juan 1:14 NVI

Jesús

Su llegada fue común y humilde.

Nació como bebé en un pesebre.	Vivió en Nazaret, una zona pobre e indeseable de Israel.	José, su padre terrenal, era carpintero.

LA ENTRADA TRIUNFAL

¡Hosanna al Hijo de David!

Jesús entra en Jerusalén como Rey sobre un asno. Profetizado en Zacarías 9:9

Las multitudes lo alaban como Rey y agitan ramas de palmera.

Los asnos eran símbolos de paz.

Las palmas simbolizan la nación judía y la victoria sobre sus enemigos.

La multitud colocaba sus mantos en el suelo para que el asno los pisara. Era un símbolo de sumisión al rey.

LA ASCENSIÓN

Después de su resurrección, Jesús ascendió al cielo, ocultado por una nube.

ascender: subir

¿DÓNDE ESTÁ JESÚS AHORA?

Está a la diestra del Padre.
Colosenses 3:1

¿QUÉ HACE JESÚS AHORA?

Intercede por nosotros como nuestro sumo sacerdote.
Hebreos 9:24

Gobierna como cabeza de la Iglesia.
Efesios 1:22-23

Sustenta la creación.
Colosenses 1:15-17

DEL REY

LA SEGUNDA VENIDA
A LA TIERRA, SEGUNDA PARTE
Apocalipsis 19:11-16

Llevaba "muchas diademas".

Simboliza que Él es el Rey de reyes.

Con "una espada aguda" que sale de su boca.

Simboliza la Palabra de Dios.

¡El récord de la espada más larga que alguien tragó es de 71 cm! ¡Chicos, no intenten esto en casa!

Montado sobre un caballo blanco.

Simboliza el regreso de Jesús en victoria.

Con "un nombre escrito que ninguno conocía sino él mismo".

Rey Señor

Rey de reyes
Señor de señores

¡Resplandor total!

Llamado "Fiel y Verdadero".

Ojos como "llama de fuego".

Vestido de "ropa teñida en sangre".

Simboliza su juicio sobre quienes se niegan a honrarlo como Rey.

Llamado "EL VERBO DE DIOS".

Simboliza que Él es quien nos revela a Dios.

Con el nombre "REY DE REYES Y SEÑOR DE SEÑORES" escrito "en su vestidura y en su muslo".

¿QUÉ HARÁ JESÚS EN LA ETERNIDAD?

Morará con su pueblo y lo gobernará como el único Rey verdadero.

Apocalipsis 21:3

Será la lámpara/luz de la Nueva Jerusalén.

Apocalipsis 22:5